英語が話せるようになる
魔法のジャーナリング

Hina

KADOKAWA

はじめに

　はじめまして。慶應義塾大学に通いながら、YouTubeで英語やTOEICの勉強法を発信しているHinaといいます。LinkUp（リンクアップ）という英語のコーチングスクールも起業し、現在800人以上の生徒さんを教えています。YouTubeを見てくださっている方はご存じかと思いますが、私は**もともといわゆる「ヤンキー」で、勉強も嫌いな落ちこぼれ**でした。ここでは最初に、そんな私がなぜ英語を勉強するようになったのか、どういう経緯でYouTubeや英語のコーチング事業を始め、英語を教えるようになったのかについてお話ししたいと思います。

いきなりカナダの学校に転校した日

　私は京都生まれの京都育ち。幼少期は英語なんて全くできない、普通の子供でした。そんな生活は、ある日仕事から帰ってきた父が言い放った一言で変わります。

「カナダで働くことになったから、みんなで引っ越すで」

　私が5歳の頃、父の転勤についてカナダに行くことが決まったのです。それまでは日本の幼稚園に通っていたのに、いきな

りカナダに移住することになり、現地の公立学校に放り込まれました。

　教室に入ると、様々な人種の生徒たちのなかに、たった1人だけ日本人の私。英語も一切話せなかったので馴染めるはずもなく、仲間外れにされていました。お弁当に持っていった焼きそばを見られて、「気持ち悪い」ってバカにされたこともあります。なんとなくしかわからなかったけど、言い返すこともできず本当に悔しかった。

　英語があまりにわからないから、最初はいわゆる「落ちこぼれクラス」に入れられました。何もかもが大変だったけど、子供の適応力というのはすごいもので、必死に食らいついていくうちに少しずつ片言で話せるようになり、周りと意思疎通ができるようになり、友達もでき始めました。

　カナダに来て数年がたち、カナダの生活にやっと馴染めてきたなと両親も安心し始めた矢先……。再び父の転勤で日本に帰ることになります。

やっと帰れた日本。でも居場所がない

　あんなに帰りたかった日本ですが、帰ってくると今度は逆にこちらの環境に馴染めませんでした。学校内での独特の価値観、集団生活のなかでの暗黙のルール、そういったものに全く馴染めなかったんです。

　入学した中学校にはめちゃくちゃ怖い先生がいて、テストに名前を書き忘れただけで厳しく叱責されるどころか0点になる。

日本だったら当たり前の教育風景かもしれませんが、**カナダの自由な教育スタイルに慣れていた私は強い拒否感**を持ちました。

　さらに、誰とでもフラットに接していたカナダ時代とは違い、日本では生徒同士の上下関係や規律も厳しい。カナダでバスケを通じて友達が増えたこともありバスケ部に入ったものの、**先輩との厳しい上下関係に耐えられず即退部**。カナダでは色々な学年の子達が分け隔てなく仲良くできるような仕組みになっていましたが、日本では学年による差がはっきりしていて、たった１つ２つしか年が違わないのに、「先輩」「後輩」みたいな強い上下関係があるのが耐えられませんでした。カナダの教育スタイルや価値観に慣れてしまっていたからこそ、突然のギャップに適応できずにいたのです。その後、野球部のマネージャーをしたり、テニス部に入りましたが、それも長続きせずに辞めてしまいます。

　両親はそんな私にも優しく接してくれました。「部活なんてやめても大丈夫やで」って。でも、中学生にとっての部活って大事なコミュニティだし、居場所でもあるんですよね。だから、**部活を立て続けにやめて居場所をなくしてしまった私は**、学校の外に居場所を求めて、**だんだん地元のヤンキーの子たちとつるむようになりました**。京都の木町に「WORLD KYOTO」っていうヒップホップクラブがあって、そこがたまり場。授業をサボったり、先生に反抗したり。もちろん勉強は全くしてませんでした。

　そんな生活は、高校に入ってからさらに加速していきます。

はじめに

停学がきっかけで大学受験を決意

　地元の悪い先輩とつるみ、学校もさぼりがちだった日々の中で、ある事件が起こります。高校2年生になって少し経った頃、友人たちとタバコを吸っていたことが問題となり、停学処分を受けることに。

　母には「どうしてそんなことをするのかわからない」と泣かれました。それまでは何を言われても「うるせえ、ババア！」と反抗していたけれど、さすがに胸が痛くなりました。

　教師は私を『反省の色なし』と見なし、当初は1週間の予定だったのが無期限停学となりました。

　そのことに腹が立って、許せなくて。高校生活、こんな風に落ちこぼれの烙印を押されたまま終わりたくないと思ったんです。

　そして、停学中で暇していたときに偶然映画『ビリギャル』を見て主人公の姿に感銘を受けました。私も勉強を頑張って、良い大学に行って先生たちを見返してやりたい。そう思ったことをきっかけに、『ビリギャル』の主人公と同じ慶應義塾大学を目指すことにしました。

　とはいえ、うちの高校は大学受験をする人はほとんどいなくて、1学年200人のうち受験するのは10人くらい。受験指導が整っているわけもなく、自分で調べて対策していきました。

「帰国子女やから、英語、喋れるんやろ？」ってよく聞かれるけれど、帰国子女でも、何年も英語を使っていないと忘れてし

005

まうんです。だから当時は、実質ゼロからスタートしたようなもの。どうやって英語力を伸ばそうかと、色々な勉強を試しました。この本やYouTubeチャンネルで発信している勉強法は、**全部この時期に自分で試して「これなら英語力が上がる」と実感したもの**です。この本のメインテーマであるジャーナリング（毎日、英語の日記を書くこと）もこの時期に始めました。

　高３になってからは、１年間毎日12時間以上勉強しました。悪い先輩との付き合いも、みんなやめて。朝は５時に起きて登校前まで勉強する。学校が終わったら夜８時まで外で勉強して、帰宅してお風呂に入ってご飯を食べて、また真夜中まで勉強する。人が変わったようにずっと勉強していました。

　その努力が実り、ついに**慶應義塾大学経済学部に合格！**　同時に受けていた早稲田大学の国際教養学部にも合格しましたが、以前からの憧れだった慶應義塾大学に進むことに。両親もむちゃくちゃ喜んでくれて、これまで迷惑かけっぱなしだったけど、このときばかりは親孝行できたかなって思っています。

憧れの慶應に入学！　でも待っていたのは……

　そんなわけで、進学を機に、地元の京都を離れて１人で東京に住むことになります。最初は日吉にある学生寮に住んでいました。慶應義塾大学ってなんかきらきらしたイメージがあるし、「毎晩パーティーとかあるんかな？」って期待してたんですけど（笑）。実際入ってみたら、皆いつも授業やテストの話をして

いて、すごく真面目。私は経済学部ですが、英語がメインの特殊な少人数コースに合格をしていました。集まっている子たちも意識が高く、テストで点数を取らなかったり課題を提出しなかったりすると浮くような環境でした。大学は学校の授業以外の社会経験や友達作りがメインだと勝手に思い込んでいた私は「なんだかおもろないなあ」って思ってしまって、また不良生活に逆戻り。渋谷の夜の街にハマリ、クラブに入り浸り、授業も一切出なくなりました。そしてその結果留年してしまいました。留年って聞いて慌てて上京してきた母親が、私を見るなり号泣しちゃって。当時を振り返ると、自分でも「ほんまにしょうもないアホやな」と思います。

　ちょうどその頃、クラブでつるんでいた仲間が警察沙汰の騒ぎを起こして、**「せっかく努力して慶應にまで入ったのに、うちは何やってんやろ？」**って冷静になったんです。その日をきっかけに、夜遊びもしなくなりました。

英語が話せれば、将来の選択肢が広がる

　留年したので、当然、同学年の友達に1年遅れを取っているわけです。だから同学年の友人たちは、私より先に就活を始めたんですよね。みんなが就活を頑張っているのを見ていて、私はあることに気づきます。

「英語が喋れる人ほど、キャリアの幅が広がってる」

英語を話せる人は、それ自体がスキルとなるだけでなく、英語を通じて世界中の文化や思想に触れられるから、多様な価値観を持つことができている、そしてそれが将来につながっているんだと感じたんです。

　そこから「将来どんな生き方をするにしても英語力は必須だ」と確信して、**「TOEIC満点と英検1級合格」** を目指し頑張ることに。大学受験以来の猛勉強の末、6か月で2つの目標を達成しました。それが20歳のときのことです。

　同時に「将来、どんな仕事しようかな」と少しずつ考えるようになりました。それで「うちは企業に就職するんじゃなくて、自分で事業を立ち上げたい。英語で何かできへんかな」と思い、行動するようになりました。

　具体的には、マンツーマンで英語を教え始めました。初めての生徒は昔クラブで知り合った「ギャルの先輩」です。「英語、教えたる！」って意気込んでたんですが、実際教えてみると、自分で勉強するよりもずっと難しい。そこから色々教え方を試行錯誤した結果、**「発音・単語・文法」という3つの柱をバランスよく鍛えること** が上達の近道だと気がつきました。単語は日常会話で頻繁に使う1000個に絞って、集中的にやってもらいました。先輩の好きなヒップホップに関する例文で勉強してもらうなど、とにかく先輩が勉強しやすいよう工夫もしました。あとは、とにかく一緒に声に出して、耳で覚えてもらうようにしました。

　その結果、**先輩のTOEICスコアが半年で480から900台にアップ** したんです！　ちなみに先輩は外資系企業に転職し、今は

ニュージャージーに駐在しています。「年収が300万円アップしたよ」って嬉しい報告ももらえました。

その後は、その先輩の紹介で生徒さんが増えていきました。でも紹介で教えているだけだと、身近な人だけにしか英語のメソッドを届けることができません。

「自分の身近な人以外にも英語を教えたい。英語を通じてみんなに成長してもらいたい」

そんな想いが日に日に強くなっていきました。

ゼロから始めたYouTube、25万人の仲間ができた

もっと多くの人に届けたいと、動画を作ってYouTubeに初めてアップしたのが、2023年の8月。最初のきっかけは、動画作成のインターンでした。そこで動画の作り方の基本を学んで、YouTubeチャンネルを立ち上げたんです。

最初は再生数が伸びなくてへこんだけど、だんだん見てくださる方が増えていきました。始めてから1年ちょっとで、ありがたいことに**20万人以上の方がチャンネル登録**してくださっています。

そこから**「もっと直接的に皆さんの英語力を上げるお手伝いがしたい。英語を通じて成長体験を提供したい」**という気持ちが出てきて、2024年2月に英語のコーチングサービス「LinkUp」を開始します。

最初は１人でスタートしたんですが、今では海外のコーチを含めると50人以上いて、800人以上の生徒さんが学ぶ場になりました。老若男女、色々なバックグラウンドを持った生徒さんが在籍していて、毎日英語を勉強しています。最高齢は62才。他の生徒さんから「姉貴」と呼ばれて慕われているその女性は、中学英語から再出発して、英検準１級を取得しました。

「外資系に転職して年収を上げたい」「海外旅行で英語を話したい」など、英語を学ぶ目的は人それぞれ。でも**「目標を掲げ、そこへ向かって努力を積み重ね、全力で頑張りきる」**という経験ができる点は共通しています。それを一度でも体験すれば、自分に自信が持てますし自分を好きになれます。もちろん直接的なメリットもたくさんありますが、英語学習の真の価値はこの**「成功体験」を積める**ことにある、と私は思います。これを経験することで、「自分はこんなもんだろう」と思っていた天井を壊すことができ、挑戦する幅や選択肢が広がります。何か困ることや悩むことがあったとき、あのとき頑張ればできたんだから今回も大丈夫、私ならできると思えるようになります。物事に挑戦する力が強まるわけです。私はこれを**「突破力」**と呼んでいます。英語学習を通じて得た成功体験は一生の財産になり、色々な困難やチャレンジを乗り越える支えになります。しかも、英語なら年齢など関係なく、いつからでも挑戦できる。これこそが英語学習の醍醐味だと私は強く信じています。

　私自身、高校時代グレていた頃のままだったら、今会社経営なんてしている自分はなかったでしょう。今、YouTubeを始め、

はじめに

仲間と一緒に英会話事業をできているのは、あのとき「英語を本気で頑張った経験」があるからです。しんどいことがあってもあのときの自分を思い出せば「今回もいける」というマインドに切り替えることができ、今まで**「自分には無理」と思ってきた壁も突破できる**ようになっています。

　この本は、英語を通して一人ひとりが自分の中の壁を突破し、自信を育ててほしいという思いで作りました。大人になると、仕事や子育てに追われ、プライベートで目標を掲げてコツコツと毎日努力することが難しくなってしまいます。そんなときこそ、効果を発揮するのが本書で紹介する**「ジャーナリング」**という勉強法です。詳しくはこの本でご紹介しますが、**1日たった5分で取り組め、日々の中で達成感を得やすい勉強法**です。

　社名のLinkUpは英語のスラングで**「つながる」「出会う」**という意味。英語を通して、海外の人とつながり、より人生を豊かにする日本人を増やしたい——そんな思いでつけました。英語はいつでも、誰でも始められます。そして、正しい努力さえすれば、いつでも積むことができます。本書が、英語学習を通じた成功体験のきっかけとなることを願っています。

Hina

Contents

はじめに ……… 002

Chapter 1 | ジャーナリングは「誰にでもすぐにできる英語革命」

1-1 英語学習の壁を突破する方法 ……… 018

1-2 「ジャーナリング」とは？ ……… 025

1-3 ジャーナリングがもたらす4つの効果 ……… 028

Chapter 1 まとめ ……… 033

Chapter 2 | 目標を設定しよう

2-1 目標を立てよう ……… 038

2-2 長期目標を立てよう ……… 041

2-3 目標をブレイクダウンしよう ……… 045

2-4 ジャーナリングに目標を毎日書いて振り返ろう ……… 047

Chapter 2 まとめ ……… 049

Chapter 3 | 英語ジャーナリング 実践3STEP

3-1 | ジャーナリングの3STEP …… 052

3-2 | STEP 1
自由に書いてみる …… 054

3-3 | STEP 2
ChatGPTで文章を添削する …… 057

3-4 | STEP 3　モデリングで
発音＆リスニング練習をする …… 062

3-5 | ChatGPTの使い方のコツ …… 069

Chapter 3 まとめ …… 072

Chapter 4 | ジャーナリング 実践のコツ

4-1 | 何に書く？ …… 074

4-2 | 何を書く？ …… 076

4-3 | いつ、どこで書く？ …… 079

4-4 | 継続するための仕掛け …… 080

Chapter 4 まとめ …… 084

Contents

Chapter 5 | 英語学習のルール①
発音できる音は聞き取れる

5-1 ┃ 英語学習でまず意識すべきは「音」！ ……086

5-2 ┃ 発音の練習法 ……089

5-3 ┃ シャドーイングの落とし穴と
モデリング教材の選び方 ……093

Chapter 5 まとめ ……097

Chapter 6 | 英語学習のルール②
単語は意味で覚えるな！

6-1 ┃ Water は「水」じゃない！
英単語はイメージで覚えよう ……100

6-2 ┃ 効率的な単語力の伸ばし方 ……105

6-3 ┃ 英単語を覚えられないとき
どうしたらいい？ ……110

Chapter 6 まとめ ……115

Chapter 7 ┃ 英語学習のルール③ 文法は「最低限」だけ覚えよう！

7-1 ┃ 定番のパターンを覚えよう ……… 118

7-2 ┃ 頻出フレーズを覚えよう ……… 123

7-3 ┃ 毎日のルーティーンに 組み込んで練習する ……… 130

7-4 ┃ インプットとアウトプットの バランスに注意 ……… 134

Chapter 7 まとめ ……… 137

巻末資料

1. ジャーナリング実践シート ……… 140
2. ジャーナリングで使えるテンプレ集 ……… 148
3. 最初に覚えるべき単語リスト100 ……… 164
4. ひとりごと英語フレーズ集 ……… 174

Contents

カバーデザイン：二ノ宮 匡（nixinc）
本文デザイン・図版制作：斎藤 充（クロロス）
執筆協力：余田 志保
校正：株式会社文字工房燦光
英文校正：Brooke Lathram-Abe

Chapter

1

ジャーナリングは「誰にでもすぐにできる英語革命」

Chapter 1-1

英語学習の壁を突破する方法

なぜ、英語を話せるようにならないのか?

「中学校や高校で6年間も英語を勉強したのに、なぜこんなに話せないんだろう?」

英語を勉強したことがある人なら、一度はこう思ったことがあるのではないでしょうか? 中高の授業時間を合計すると約900時間。テスト対策や自宅学習も含めれば、その時間は1000時間を超えるはず。

「1000時間も勉強しているのに、簡単な英語すら、口から出てこない。何で?」

そんな疑問が浮かぶのは、当然のことだと思います。このテーマについて、少し真面目にお話しします。

結論からいうと、私は問題は点数で全てを評価する日本の教育制度にあるのではないかと思っています。

伝統的な日本の教育カリキュラムは、基本的にテストの点数で評価していきます。だから、**文法問題、語順並べ替えや穴埋めなど、点数化しやすいものだけを学んでいく**ようになります。

私自身、幼少期にカナダの公立校で過ごした経験から、日本の教育制度にはすごく違和感がありました。

例えば、カナダではフランス語も公用語なので、小学校のうちから授業があります。でも、授業でテストが重視されることはほとんどありませんでした。

ジャーナリングは「誰にでもすぐにできる英語革命」　**Chapter 1**

　先生が評価するのは、**点数よりも、積極性。**だから、いくら文法を理解していてテストの点数が高い子でも、授業中に黙っていたらＡＢＣの評価でＣがつくんです。そのため、生徒たちは自然とフランス語を話すことを重視します。このような**「使うこと」を重視した教育のおかげで、多くの人が実際に話せるようになる**のです。

テストの点数で英語力を測ることの問題点

　とはいえ、日本の中高で習った文法自体を否定するつもりはありません。実際、中学レベルの英文法を理解していないと、会話でアウトプットするレベルまでいけませんから。

　ただ、点数重視のカリキュラムで勉強することによるデメリットもあり、私は以下の３つを挙げたいと思います。

①「正解か不正解か」で英語をとらえる癖がつく
②アウトプットの圧倒的不足
③発音学習の後回し

　まず①について。LinkUpで今から英語学習を始めるタイミングの生徒さんを見ていると**「正解か不正解か」で考える癖がついている**なぁという印象をすごく受けます。

　例えば「細かい前置詞の使い分け」を気にする方が多い。「私はちょうど今オフィスにいる」と言うときに、I'm **in / at** the office right now.のどちらを使えばいいか迷う、と言う人がいました。

　細かく説明すると、「建物の中」という物理的ニュアンスを強

019

調するなら in、「オフィスへ来て働いています」というニュアンスなら at がよく使われます。

このように細かく前置詞のルールを理解して、ニュアンスの差を伝えることはできます。でもこの場合、in でも at でも**「オフィスに来ている」ということは伝わる**わけです。つまり初心者であれば、どちらで言ってもいい。このように細かい文法のルールを気にしすぎてなかなか勉強が進まないのを「文法の沼」と呼びます。全てを100％、ルールブックに落とし込んで説明することはできません。どこまでいっても**英語はあくまでもコミュニケーションツール**です。もちろん正しい文法を使うのも大切ですが、最短で話せるようになるには「相手に伝える」ということにまず重点を置くのが大事。

なので私はこういう質問が飛んできたときは、「"私はオフィスにいる"ということを伝えたいなら、どちらでもいいです。どっちを使っても伝わります」とあえて答えています。**柔軟性をもったほうが圧倒的に英語力は伸びやすい**からです。

次は②と③について。なぜ、実際に「話す」「発音する」などのアウトプットの練習が圧倒的に不足してしまうのか。これもまた「点数で採点する」という日本の英語学習のスタイルに原因があります。

「発音」はどうしても点数化がしにくいです。同じ英語でも世界には色々な発音が存在します。イギリス英語、シンガポール英語、アメリカ英語など。「この発音が基準」で「この発音は間違っている」と、はっきり○×をつけることはできません。つまり、**発音というのは点数化して採点することが難しい**。そう

ジャーナリングは「誰にでもすぐにできる英語革命」 **Chapter 1**

なると、成績をつけることができなくなってしまうから、学校教育の現場では教えない、ということになります。結果として、ペーパーテストで測りやすい「単語」や「文法」の学習に偏ってしまうのです。

テスト重視の英語学習のデメリット

1 正解か不正解かで英語をとらえる癖がつく

✕ 自分のミスに厳しくなりがちに。
細かな点を気にして先に進めなくなってしまう。

2 アウトプットの圧倒的不足

✕ 自分で文を組み立てる練習が不足し、
会話で困る場面が多くなる。

3 発音学習の後回し

✕ 発音が悪いままだと通じにくく、
話すことへの自信を失ってしまう。

「アウトプットだけ」ができる環境に行っても意味がない

　ここまで読んでいただければ、英語を話すために何をしなければいけないのか、ということもおのずと見えてくると思います。

　発音をおろそかにせず、アウトプット重視の学習をする。これができれば、おのずと英語力は伸びていきます。

　ただし、こう聞くと、「とにかく話せばいいのね」と思われるかもしれません。ここで失敗しがちなのが、初心者なのに毎日オンライン英会話でひたすら話すとか、話すトレーニングに走ってしまうパターンです。ですが、これは要注意。

　スピーキングは確かに「英語を話す」というゴールに直結していて、最初から挑戦したくなる気持ちはよくわかります。でも、**初心者がいきなりスピーキングから始めると、思うように言葉が出てこず、「やっぱり英語は難しい」と感じて挫折**してしまうケースが本当に多いんです。

初心者にオンライン英会話をおすすめしない理由

　その理由の一つは、「英会話」に必要な力の多さ。単純に「英会話」とひとくくりにしがちですが、実は多くのスキルを、しかも同時に使う必要があります。

　まず、**英会話には瞬時に文を組み立てる力が求められます。**つまり、頭の中で「適切な単語や文法を選んで」「正しい順序で並べる」というプロセスを一瞬でこなさなければいけません。さらに「相手の言うことを理解する力」、つまりリスニング力と、

「英会話」に求められる力

瞬時に
文を組み立てる力

- 頭の中で適切な単語や文法を選ぶ
- 正しい順序で並べる

相手の言うことを
理解する力
（リスニング力）

相手に通じる
発音で
発話する力

相手に通じる発音力も必要です。これがないと、相手の言っていることがわからなかったり、せっかく話しても相手に通じなかったりして、会話のキャッチボールが成り立ちません。そうなってしまうと、相手がずっと話しているだけで、自分はうなずくことしかできない、という状況になってしまいます。これでは、スピーキングの練習にならないどころか、**「話せない」という劣等感を強める結果にもなりかねません。**初心者がいきなり英会話をしようとしてもうまくいかない理由はここにあります。

　そこで重要になってくるのが、**「いきなり話すのではなく、まずは書く」というステップ**です。ライティングは、スピーキングに比べて時間をかけてじっくり考えながらアウトプットがで

きるため、初心者にはとても効果的な練習法です。文章を作る過程で、「どんな単語を使えばいいのか」「どういう文法が適切なのか」を自然に学べるので、スピーキングに必要な基礎力をしっかりと育てることができます。

とはいえ、「書く」と言われても、何をどう書けばいいのかわからない人も多いと思います。この本では、**初心者でもレベルの高いアウトプット練習をするための方法**を伝授します。それが、「ジャーナリング」という勉強法です。

最初に「書く」ことで、頭の中が整理できる

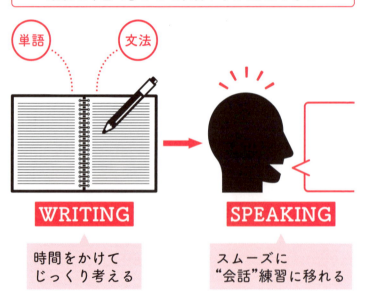

Chapter 1-2

「ジャーナリング」とは？

ジャーナリング＝目標を達成するためのツール

　ジャーナリングというのは、簡単に言うと「日記」のこと。journalという英単語が元になっています。journalはどんな意味か辞書で引いてみると、こうあります。

a written record of what you have done each day, sometimes including your private thoughts, feelings, and goal（Cambridge 英和辞典）
毎日やったことを記録したもの。時には、個人的な考えや感情、目標について記すこともある

　つまり、**その日の出来事ややったことを綴りながら、自分の感情や目標についても書いていくのがジャーナリング**です。

　最近、このジャーナリングの手法は自己啓発の分野でも注目されていて、書くことを通じて自分の感情や気持ちを整理し、長期目標や短期目標を記録し進捗状況を可視化することで、**目標達成への意欲を高めるツール**として活用されています。

　この「目標を達成するためのツール」であるジャーナリングを英語で行うことにより、「日々の学習の達成」と「英語学習」

を同時に行えるのが、Hina式ジャーナリングです。

「英語日記」とジャーナリングの違い

「英語を書く」というと「英語日記」を連想される方も多いと思いますが、Hina式ジャーナリングと従来の英語日記には、大きな違いがあります。以下で、その違いを比較してみましょう。

英語日記とジャーナリングの違い

従来の英語日記	Hina式 ジャーナリング
自由な形式で、内容は自己流	フォーマットがある
添削が難しい	AIツールを使い、添削まで行える
音声や発音トレーニングは含まれない	発音練習もできる
継続が難しい	学習の継続に直結する

ジャーナリングは「誰にでもすぐにできる英語革命」 **Chapter 1**

　大きな特徴は、ChatGPTなどのAIツールを使って、独学でも添削をしながら学べる点、そして「書く」だけではなく発音練習も取り入れている点です。これによって、単に「日記を書く」ことにとどまらない、**「英語を話す」という目標に向けたアウトプットのトレーニング**が可能になります。また、本書では目標設定の仕方や、学習を継続するためのコツについても触れていきますので、「せっかく取り組み始めても、三日坊主になりがち」な人も無理なく続けることができるはずです。

　ジャーナリングは、単に「英語を書く」作業にとどまりません。それは、自分の考えや感情を整理しながら、英語力を効率的に高めるための総合的な学習方法です。私は、この「ジャーナリング」の方法を、更に効果的に使えるように工夫して改良しました。次のページから、その特徴と効果を見ていきましょう。

Chapter 1-3

ジャーナリングがもたらす4つの効果

効果① 「英語を使う力」が身につく

Hina式ジャーナリングは、英語4技能(スピーキング、リスニング、リーディング、ライティング)を総合的に鍛えられる学習法です。詳しいやり方はChapter 3で解説していきますが、基本的には**「英文を書く」➡「AI添削を行う」➡「完成した英文を発音練習する」**というステップです。

このステップで行うことにより、まず**書くことで単語力と文法力が身につきます。**自分で文を組み立てることで、頭の中で英文を作る力が鍛えられ、読むときも話すときも英語を素早く処理できるようになります。さらに、書いた文章を「モデリング」という方法で声に出す練習をすることで、**発音が改善され、聞き取れる音も増えてリスニング力が自然と高まります。**このプロセスを通じてスピーキングの練習にもなり、「英語で考え、口に出す」感覚が養われ、会話の場面でもスムーズに言葉が出るようになります。

効果② 目標管理と習慣化ができる

目標管理と習慣化ができるというのも大きな特徴の一つ。

Hina式ジャーナリングでは、毎日自分の英語学習に関する目標を書いていきます。これによって、**自分の学習および生活の**

自己管理やモチベーションアップを促していきます。

　私自身も、ジャーナリングに目標を毎日書いたり、日々のタスクを書き込んだりしていました。これによって、とてもズボラな私でも学習を続けることができたと思っています。

　ただ、なんとなく目標を決めるだけではなかなか自分の行きたい場所にはたどり着けません。ですので本書では、**自分がやりたいことや夢を叶えるために必要な目標設定の仕方**も解説していきます。

効果③ 学習を「続けられる仕組み」がある

　英語学習において、最も大切で、そして最も難しいのが**「続けること」**です。これが多くの人にとって難しい理由の一つは、「学習のハードルが高すぎる」と感じてしまうこと。忙しい日々の中で英語を学ぶのは難しく、心の中で「もう少し余裕ができたら始めよう」と後回しにしてしまうこともあります。

　例えば、こんな経験はないでしょうか?

　「まず文法書を1冊買ってみて、これをやりきろう!」と目標を立てる。書店で評判の良い文法書を手に入れ、家に帰って早速取り組み始める。

　しかし、文法書を開いてみると意外と難しい。理解するのに時間がかかる。1時間かけて進んだのはわずか2ページ……。

　「こんなに時間がかかるなら、忙しい平日は無理かも」と思い、次第に手をつけなくなる。そして1週間後には文法書は机の上でほこりをかぶっている——。

このように、「めんどくさい」「おっくう」と感じてしまうと、学習の習慣は簡単に途切れてしまいます。

　ジャーナリングのいいところは、**たった1文、英文を書くところから学習をスタートできる**ところです。特別な教材やまとまった時間を用意する必要はありません。スキマ時間や好きなタイミングで実践できます。

　例えば、こんな短い文章でも立派なジャーナリングです。

I had coffee today. It was delicious.
（今日はコーヒーを飲んだ。すごくおいしかった）
I watched a movie. It was funny and exciting.
（映画を見た。笑えたし面白かった）

　1文書くだけなら、通勤電車の中でも、昼休み中でも、寝る前の5分でも取り組めます。

　本を開かなくても、机に向かわなくても、その日の出来事を1文書くだけで、英語の学習ができるのです。

　そんな簡単なことをやっても効果ないんじゃ……と思われるかもしれませんが、1日1文書けば、1週間で7文、1か月で30文、半年で180文。気が付いたら、書けること・言えることが少しずつ増え、自分の成長を実感できるはずです。

　このように、スモールステップで進められて、日々続けやすいのがジャーナリングのメリットです。

効果④ 自分に自信がつく

　英語学習の道のりは、目に見える成果が出にくいものです。

ジャーナリングは「誰にでもすぐにできる英語革命」 **Chapter 1**

今日勉強を始めて、明日話せるようになるとか、1か月後には
ペラペラとか、そういうことは起こりません。そうすると、学
習していくなかで「本当に自分は成長しているのだろうか」と
不安になることがあります。ジャーナリングの最大の魅力の一
つは、この**「成果の見えにくさ」を解消し、努力を「見える化」
できる**ところです。

　まず、書いたものが物理的に手元に残ることが大きなメリッ
トです。ジャーナリングで書いた文章は、ノートやスマホに物
理的な記録として残ります。この「自分が実際に積み重ねた証」
が目に見える形で残ることは、英語学習を続ける大きな支えに
なります。

　例えば、ノートに1日1文ずつ書きためていけば、1週間後
には7文、1か月後には30文が手元に残ります。ページをめく
れば、「これだけ自分は頑張ってきたんだ！」って、ちょっと誇
らしい気持ちになれます。小さな一歩の積み重ねがしっかり形
として残っているのを見ると、「今日も頑張ろう」って思えます
よね。

　そしてもっと嬉しいのは、**過去の自分と今の自分を比べられ
る**こと。最初は短い簡単な文しか書けなかったのに、気づけば
表現が増えている！　そんな瞬間が訪れると、「あ、自分、成長
してる！」って実感できます。

　例えば……。

最初に書いた文
I ate curry.
（カレーを食べた）

031

> １か月後に書いた文
>
> Today, I ate curry for lunch. It was spicy but really delicious!
>
> （今日はお昼にカレーを食べた。辛かったけど、本当においしかった！）

　こんなふうに、「自分は確実に成長している」という実感が得られると、学びがもっと楽しくなります。この成長の実感が、英語に対する自信を少しずつ育んでくれるんです。

　このように、ジャーナリングには大きなメリットがあります。**書いたものが形として手元に残ることで自分の努力を実感でき、過去の文章と比べて成長を感じることで自信を育む。**さらに、英語学習を「続ける」習慣を自然に身につけられるのが、ジャーナリングの強みです。

　本書では、このジャーナリングを実際にどう始め、どのように続けていけば良いのか、ステップバイステップで詳しく説明していきます。**難しい準備は必要ありません。**一歩ずつ進めていきましょう。

Chapter 1 まとめ

 テスト重視の勉強から脱却しよう

正解・不正解の発想から抜け出すことが第一歩になる。

 英会話に必要な力を理解しよう

英会話は、「瞬時に文を組み立てる力」「相手の言うことを理解するリスニング力」「相手に通じる発音で発話する力」が必要。

 ジャーナリングで目標管理とアウトプットが同時にできる

 成果を振り返り、達成感を持つ

まずは少しでも取り組めた自分を褒めることから始めよう。

Chapter

2

目標を
設定しよう

ジャーナリングシートの使い方

月　　日

中期目標

短期目標

いつやる？

0	6	12	18	24

今日の達成度 ☆ ☆ ☆

Chapter 2 目標を設定しよう

ジャーナリング実践シートはp.140にあります。

目標を書く

中間目標と短期目標（p.47）を書いて、
目標を意識しよう。
短期目標（今日やる目標）はいつやるかも
決めて、タイムラインに書き込もう。

その日のできごとや、目標の振り返りを書く

書き方について、詳しくはChapter 3へ。

POINT

朝目標を書いて
夜ジャーナリングで振り返るか、
逆に夜ジャーナリングを書くときに
次の日の目標を書くのがおすすめ！

Chapter 2-1

目標を立てよう

目標を立てることが最初のステップになる

　Hina式ジャーナリングでは、学習の目標を立て、毎日達成度をチェックしていきます。つまり、**まずは目標を立てることが最初のステップ**になります。

　目標を立てる、といってもやり方は様々です。今回は次の3つの種類（レベル）の目標を意識してください。

①長期目標
②中期目標
③短期目標（日々のタスク）

　長期目標とは、半年から数年単位の、**長いスパンで叶えていく最終目標**のこと。「TOEIC800点を取りたい」「英検に挑戦したい」「海外旅行に行って現地の人と交流したい」がこれに当てはまります。英語学習をする目的と言い換えてもいいかもしれません。ここを決めることで、どんな方向性で勉強すればよいかが決まってきます。いわば、**英語学習のガイドライン**のような存在になります。

　中期目標とは、**その達成に必要な数か月単位の目標**です。長期目標に合わせて、これは変わります。例えば、英会話ができ

目標を設定しよう **Chapter 2**

るようになりたいならまずは「中学英単語を覚える」とか「英語フレーズを覚える」。TOEICのスコアが取りたいなら、「TOEICの参考書を1冊やり切る」など。ここを決めるのは実は大変です。一人ひとりの目標や今のレベルによって変わってくるからです。この本では後半で、これから英語学習を始める人が何をすればよいかを書いてますので、参考にしてください。

そして、そこから更に目標をブレイクダウンしたのが**短期目標**です。これは、**目標に向かって前進できているかを確認するための、毎日の目標。**「毎日1時間勉強する」「毎日単語帳を10ページずつやる」など、こちらは日々のタスクに近いイメージです。

ジャーナリングでは、この「中期目標」と「短期目標」を毎日書くようにします。こうすることで、毎日目標に向かって前進できているかをチェックし、意識しながら学習を進めることができます。中期と短期の目標は一度立てたら終わりではなく、実際の進み合いや理解度に応じて調整していくとよいでしょう。

目標のブレイクダウン・イメージ

長期目標 半年後に英検準2級に挑戦
- 試験日：○月○日
- 残り日数：約90日

必要となる力・教材を逆算

中期目標 試験日までに達成したいこと
- 単語1000語を一通り覚える
- 中学レベルの英文法の本を一通り勉強する

日々の行動に落とし込む

短期目標 毎日・毎週やること
- 単語を1日20個覚える
- 英文法の本を毎日4ページずつ
- 毎日通勤中に英語をリスニング

Chapter 2-2

長期目標を立てよう

夢は、リアルに思い描けるほど叶う

まずは、**英語ができるようになったら何がしたいのか**を考えて、長期目標を立てましょう。

長期目標を立てるのは、英語の勉強の方向性を決定づけるとともに、モチベーションを保つのにとても役立ちます。
「なんのために勉強しているのか」の目標が「TOEIC800点を取る」だけだと、リアルさやワクワク感が足りません。**なぜTOEIC800点を取りたいのか？　取ったら、その後どうなるのか？　あなたの生活はどう変わるのか？**　とにかく具体的に、イメージしてみてください。

目標を具体的にイメージすると、「その未来の自分がどんな気持ちか」「どんな生活をしているのか」をリアルに感じられるようになります。例えば、「TOEIC800点を取る」という数字だけでは、少し遠い感じがしてしまうかもしれません。でも、「海外でチームの中心になって英語で活躍している」「仕事終わりに現地のカフェで友人とリラックスしている」など、達成後の生活を想像すると、「これを叶えたい！」という気持ちがわいてきます。

041

そうすると、「なぜ今、単語を覚えるのか」「リスニングを頑張るのか」がハッキリしてきて、毎日の勉強がただの作業ではなくなります。未来の自分に近づいている実感が、もっと頑張ろうというエネルギーになるのです。

目標：TOEIC800点を取って海外赴任する
目標達成したら何したい？

- シンガポールに海外赴任し、現地の多国籍チームで働く
- 活気あるオフィスで英語でのプレゼンテーション
- 打ち合わせも英語で交渉
- 英語で堂々と話し、同僚や友人から信頼を得ている

生活はどんな感じ？

- シンガポールのマーライオンやマリーナベイ・サンズ近くのカフェでリラックス
- 週末には現地の友人とカフェで会話を楽しんだり、旅行先で新しい文化を発見したりする

ポイントはとにかく具体的に思い浮かべること。なかなか思い浮かべるのが難しい人のために、長期目標設定シートを用意しました。５Ｗ１Ｈの質問に沿って、自分の姿をイメージしながら書き込んでみましょう。

Chapter 2 目標を設定しよう

長期目標設定シート

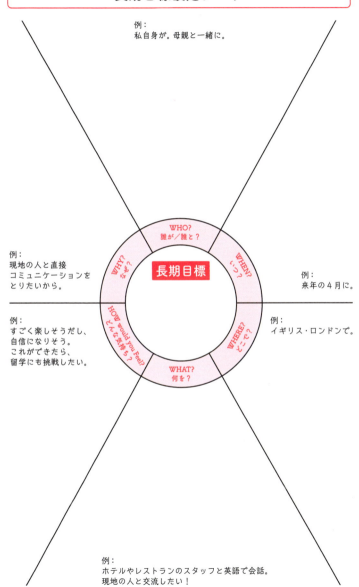

例：
私自身が。母親と一緒に。

例：
現地の人と直接
コミュニケーションを
とりたいから。

例：
すごく楽しそうだし、
自信になりそう。
これができたら、
留学にも挑戦したい。

例：
来年の4月に。

例：
イギリス・ロンドンで。

例：
ホテルやレストランのスタッフと英語で会話。
現地の人と交流したい！

（中央の円：長期目標　WHO? 誰が／誰と？　WHEN? いつ？　WHERE? どこで？　WHAT? 何を？　HOW would you feel? どんな気持ち？　WHY? なぜ？）

また、目標が叶ったことを連想させるような動画を見るのも
いい方法です。

　例えば、「11月までにTOEIC800点を取って、3年以内に海外
赴任して現地の生活を楽しみながら働く」が長期目標なら、憧
れのカリフォルニア州のビーチの動画や、現地のオフィス街の
動画を見るといったように。海外で働いている日本人YouTuber
の動画を見るのもいいですね。**理想の場所や、自分の理想をす
でに叶えている人の動画を見る**ことで、ワクワク感がアップし
ます。

　ちなみに、私が高校生のときにジャーナリングをしていたと
きは、「慶應義塾大学に受かって上京して大学生活を満喫する」
って目標を掲げていました。

　皆さんは何のために英語を勉強したいですか？　ぜひ、**目標
をワクワクしながら立てる**ことから始めてみてください。

Chapter 2-3

目標をブレイクダウンしよう

　長期目標が決まったら、次に**中期目標を設定**します。中期目標は「長期目標を達成するために必要なこと」で、**タスクを可視化するための目標**です。一つの長期目標に対して中期目標がいくつか立てられます。中期目標を一つ達成するまでのスパンは、短くて１週間、長くて月単位になります。

　例えば、長期目標が「半年後に英検３級に合格する」だったら、中期目標の例としては次のような目標が考えられます。

英検３級に合格するためには……
- 中学英単語を覚える
- 中学英文法を理解する
- 会話の練習をする
- 英検の過去問を解いてみる

　何を勉強すればいいのかわからないときは、インターネットで検索したり、周りに英語学習に詳しい方がいたらアドバイスを聞いたりするのがおすすめです。

長期目標を立てたときと同じで、中期目標にも期限を設定しましょう。**中期目標の期限を設けたら、それぞれの中期目標を達成するための分量を逆算**します。そうすると、「200ページの単語集を３か月以内に終わらせるなら、１日に５ページ覚える」など、「日々こなすべきタスク」、つまり短期目標が見えてきます。

　このように逆算していけば、無理のない学習計画を立てることができます。

　とはいえ、英語学習をこれから始める方は、「何をやったらいいかわからない」という人も多いと思います。そういった方のために、本書ではChapter 5以降で、これから英語学習を始める方に取り組んでほしい３つのルールと、その勉強法について書きました。「どこから手を付けていいかわからない」「英語の基礎力をまずはつけたい」という人は、この通りにやってみてください。

Chapter 2-4

ジャーナリングに目標を
毎日書いて振り返ろう

　これで3つの目標が決まりました。このうち、長期目標は紙に書いて、**机の前やトイレのドアなど、毎日目にするところに貼っておきましょう。**

　中期目標と短期目標は、ジャーナリングをする際に毎日記入してください。目標は、立てるだけだと不十分で、思い出せるような仕組みを作らないと絶対に忘れてしまいます。皆さんも、「お正月にはりきって目標を立てたのに、夏ごろには何が目標だったか全然思い出せなくなった……」といった経験、ありますよね？　だから、ジャーナリングで毎日確認できるようにしましょう。

　日々のタスクは、1日24時間のうち「何時に、どれだけやるか」まで書き込めるようにしています。やる時間や分量まで決めると、**程よいプレッシャーになってタスクを突破できる可能性がグンと上がります。**逆に、毎日タスクを書いておくことで「ちょっとこのペースだと実現できそうにないな」ってときには軌道修正もできます。ぜひ活用してください。

　次のページに、長期目標・中期目標・短期目標を書きこめるページを作りましたので、ぜひここであなたの英語学習の目標を立ててみてください。

047

立てた目標を書きこもう

長期目標

↓

長期目標から逆算!

中期目標

↓

毎日やることを決めよう

短期目標

Chapter 2 まとめ

 リアルな長期目標を立てよう

「なぜ英語ができるようになりたいのか？」小さな目標でもよいので、具体的にイメージしよう！

 長期➡中期➡短期に目標をブレイクダウン

長期目標から逆算して、日々やらなければいけないことまで、細かく分解して決めよう。

 目標は常に意識しよう！

一度立てても忘れてしまっては意味がない。ジャーナリングで毎日振り返る習慣をつけよう。

Chapter

3

英語ジャーナリング
実践3STEP

Chapter 3-1

ジャーナリングの３STEP

まずは１日５分から始めよう

　目標も決まり、これでジャーナリングを始める準備が整いました。ジャーナリングは、大きく３つのSTEPに分かれています。まずは全体の流れをざっくりと理解するところから始めましょう。

　Hina式ジャーナリングの魅力は、**毎日たった５分でも取り組めるところ**。忙しい日々の中で英語の勉強を続けるのは大変ですよね。でも、この短時間メソッドなら、コーヒーを飲みながらでも、寝る前の少しの時間でも気軽に始められます。

　もし「英語を書くのはちょっと苦手……」という方は、**最初はたった３文からでOK**。とりあえず簡単な単語と身近な話題だけでも英語にしてみてくださいね。間違えても大丈夫です。自分だけのノートなら、誰かに見られる心配もありませんし、恥ずかしくないですよ。

5分でできる！ ジャーナリング3STEP

STEP 1 自由に書いてみる

ここでは英文法や単語などの間違いを気にせず、書き始めてみる。1回3文程度が、まずは目標。

STEP 2 AIを使って文章を添削する

STEP 1で書いた英文を、ChatGPTを使って添削してもらう。ここで、文法ミスやスペルミスを直して、正しい英文にする。

STEP 3 モデリングで発音＆リスニング練習をする

最後は、書いた文を実際の会話で使いこなせるように、発音練習を行う。英文を音声化してくれるAIツールを活用し、モデリングトレーニングを実践。

Chapter 3-2

STEP 1
自由に書いてみる

まずは3文書いてみよう

STEP 1では、最初は3文書くことを目標にします。難しいことを書く必要は全くありません。例えば、「ランチにパスタを食べた」とか「友達と飲みに行った」とか、日常のちょっとした出来事でOKです。朝にジャーナリングをする人は、今日の予定を書いてもいいですね。

身近な話題を題材にすると、文章を考えるハードルが下がります。とはいえ、「何を書いたらいいのかわからない」と迷う方もいるでしょう。そんな場合は、**自分の目標や今日取り組んだ英語学習を振り返りながら書いてみる**と良いです。例えば、「今日は単語を10個覚えた」や「オンライン英会話を初めてやってみた」といったことを書き出してみてください。

日本語から書いてもOK

英語で文章をいきなり書くのが難しい場合は、まず日本語で考えを整理してみましょう。例えば、以下のような短い文章を作ります。

054

英語ジャーナリング実践3STEP **Chapter 3**

> 今朝は寒すぎて起きるのがつらかった。勉強したかったのに、早起きできなかった。

これをもとに、英語でどう表すかを考えてみましょう。

> 今朝は寒すぎて起きるのがつらかった。
> ➡ This morning, it was too cold to get up.
> 勉強したかったのに、早起きできなかった。
> ➡ I wanted to study, but I couldn't get up early.

慣れてきたら、英語で考えて英語で書けるようになるのが望ましいですが、慣れないうちは「日本語で言いたいことを思い浮かべて書く」➡「英語にする」の2段階を踏んでみましょう。

英文を作るときの3つのコツ

とはいえ、最初からこんなに英文を書けないよ、という人もいるかもしれません。そんな人は、次の3つのコツをまず試してみてください。

> ①間違ってもいいのでまず書いてみる
> ②どうしてもわからないときは日本語で書く
> ③パクリながら書く

まず、①について。**ジャーナリングはたった一人で行える勉強法**です。間違ったことを書いても、誰に笑われることも、迷惑をかけることもありません。ここではまず書いてみることを

055

重視してください。

　次に、②について。もし単語や言い回しがわからない場合は、文の中にそのまま日本語を書いてしまっても大丈夫です。そのあとのSTEPで、英語だったらどう言い表すかを調べて書いていきます。

　最後に、③について。これが一番大事です。英語で書くときに、「自分の中からオリジナルの表現を絞り出さなきゃ」って思う方が多いんですが、実は全くそんなことはありません。**自分オリジナルの文章を書く必要はない**んです。他の人が書いた英文を真似したり、部分的に単語を変えたりして書けばOKです。

　本書のp.148には、「ジャーナリングで使えるテンプレ集」を用意しました。このテンプレ集を使えば、単語などを入れ替えるだけで、自分で文章を作って書くことができます。英文を作ることに苦手意識がある方は、まずここから始めてみてください。

　さらに、私のYouTubeでは日常的に使える英文を100個紹介しています。解説付きですので、日常的に使えるフレーズを増やしたい人はこちらも見てみてください。

Chapter 3-3

STEP 2
ChatGPTで文章を添削する

「書きっぱなし」は根性焼き！

STEP 1でジャーナリングを書いてみたら、次のステップとして**必ず「文章の間違いを直す」作業を取り入れましょう。**

せっかく書いた英文を放置しておくと、もし間違っていた場合に、その表現が自分の中で定着してしまいます。「あれ、自分って実はずっと誤った英語を使ってた……」なんてことは避けたいですよね。ここで頼りになるのが、ChatGPTです。

ChatGPTを活用するメリット

• **無料でいつでも使える**

24時間オープンの「オンライン英語コーチ」と考えるとわかりやすい

• **間違いを直すだけでなく、解説してくれる**

「なぜそれが間違いなのか」「ほかにどんな言い方があるのか」まで詳しく聞ける

• **表現をレベルアップできる**

簡単な英語をもっと自然なフレーズに直してくれるので、語彙や文法の引き出しが増える

057

ChatGPTに「プロンプト」を出すだけでOK

ChatGPTに何か指示をするとき、その**指示文を「プロンプト」と呼びます。**要は「こんなふうに添削してね」と伝えればOKです。例えば、以下のような書き込みがプロンプトです。

> 私の英文を添削して、その理由も解説してください。

そうすると、ChatGPTが誤りを直しながら、どこをどう修正したか解説してくれます。とてもシンプルですよね。

手順① ChatGPTのページを開く

初めて使う人は、まずパソコンやスマートフォンでhttps://chatgpt.com/にアクセスしましょう。スマートフォンで使う方は、こちらのQRコードを読み取っていただいてもOKです。ブラウザ版のほかにアプリ版もありますので、使いやすい方を選択してください。会員登録もありますが、まず使ってみたい方は会員登録なしでも使うことができます。

英語ジャーナリング実践3STEP

手順② 自分が書いた英語をコピペする

ページを開くと、このような画面が出てくるはずです。ここに、プロンプトを入れていきます。

まずは、先ほどのプロンプトを試してみましょう。

> 私の英文を添削して、その理由も解説してください。以下の英文です。(ジャーナリングで書いた英文を貼り付ける)

STEP 1で書いたジャーナリングを書き込みます。日本語が混ざっていてもOK。その場合は、

> 日本語文については、英訳の例もください。

とプロンプトを書き込みましょう。書き込んだら、Enterを押して送信です。

添削と解説を読んで学習

　すると、ほんの数秒でChatGPTが回答を生成してくれます。内容を確認していきましょう。**「どこをどう直したか」「なぜその方が正しいのか」を読んで吸収する**のがポイントです。

修正後の文章

Today, it was difficult to wake up because it was too cold. I drank hot soup in the morning.

自然なリライト例

It was hard to wake up this morning because it was so cold. I had some hot soup to warm up.

添削ポイントと解説

1. **"it was difficult wake up"**
   - 誤り: "wake up"の前に "to" が必要です。
   - 修正: "it was difficult **to wake up**"
   - 解説: "difficult" の後は「to + 動詞の原形」が続きます。

2. **"Because it was too much cold"**
   - 誤り: "too much" は名詞を修飾しますが、"cold" は形容詞なので使えません。
   - 修正: "Because it was **too cold**"
   - 解説: 「とても寒かった」は "too cold" と言います。

3. **"I drunk a hot soup"**
   - 誤り: "drunk" は過去分詞形で、ここでは過去形 "drank" が必要です。また、"soup" は通常数えられない名詞なので "a" は不要です。
   - 修正: "I **drank hot soup**"
   - 解説: 「スープを飲んだ」と言うときは "drink soup" を使い、冠詞は付けません。

4. **"on morning"**
   - 誤り: "on" の代わりに "in" を使うべきです。
   - 修正: "**in the morning**"
   - 解説: 「朝に」は "in the morning" と言います。

英語ジャーナリング実践3STEP **Chapter 3**

手順③ 追加質問でさらに深掘り

わからないところがあれば、「もっと簡単な単語で言うには？」「○○というニュアンスを出したいんだけど」など、どんどん聞いてみてください。**疑問をその場で解消できるのは、ChatGPTならではの利点です。**

試しに、「wake up を get up にしても同じ意味になりますか？」と掘り下げて質問してみます。

書き出しをToday, it was difficult to get up にしても同じ意味ですか。

はい、"**Today, it was difficult to get up**" でも同じ意味になります。以下のポイントを押さえておくと良いです：

1. "**wake up**" と "**get up**" の違い
   - "**wake up**" は「目が覚める」という状態を指します。布団の中で目を開けた瞬間を表すことが多いです。
   - "**get up**" は「起き上がる」または「ベッドから出る」という動作を指します。
2. 今回の文脈ではどちらもOK
   - 「寒くて起きるのが大変だった」という状況なら、目覚めることも布団から出ることも含めて使えるので、どちらを使っても自然です。

すると、図のように、「wake up は『目が覚める瞬間』で、get up は『ベッドから出る動作』のことでニュアンスが違いますよ」という説明がもらえました。ここまで説明してくれたらわかりやすいですし、専属のコーチみたいですよね。

ChatGPTの使い方のコツをp.069〜にまとめましたので、さらに詳しく知りたい方は読んでみてください。

061

Chapter 3-4

STEP 3 モデリングで 発音＆リスニング練習をする

正しい音で言えるようになろう

　STEP 2までで、自分が表現したかったことを、正しい英語で表すことができた状態になります。STEP 3では、この英文を自分の口で、正しい発音で言えるようにしていきます。

　発音の練習には、「モデリング」という学習法がおすすめ。これは、**ネイティブの発音を聞いて、真似して発音するというシンプルな練習法。**Chapter 5でも詳しくお話ししますが、リスニング力と発音力を上げていくには、「音を聞く」➡「真似をする」というプロセスが最重要なんです。

　でも、「自分で書いた英文を、ネイティブに読んでもらえる機会なんてないよ」と思われたかもしれません。周りに英語の先生や、発音を指導してくれるコーチがいれば最高ですが、なかなか難しい場合もありますよね。

　そこで使えるのが、NaturalReaderというウェブサイトです。

NaturalReaderでモデル音声を作ろう

　NaturalReaderは**「英語の文章に、無料でAI音声をつけられるツール」**です。ChatGPTと同様に、ウェブ上で利用できるツールになります。

　使い方はシンプルで、自分で書いた英文を入力するだけで、

AI音声で読み上げてくれます。また、スマートフォンのアプリを使えば、写真から文章を読み取り、音声化してくれる機能もあります。

手順① NaturalReaderのページを開く

手順はChatGPTのときと同様、まずはサイトにアクセスします。

https://www.naturalreaders.com/ にアクセスをするか、スマートフォンの場合はQRコードを読み取ってください。

すると、中央に「Get Started For Free」という表示が出てくるのでそれをクリックします。ちなみに、無料版では1日5分間AIナレーターの読み上げ音声を利用することができます（2025年3月現在）。

手順② 読み上げてほしい文章を入力しよう

次のような画面に切り替わります。

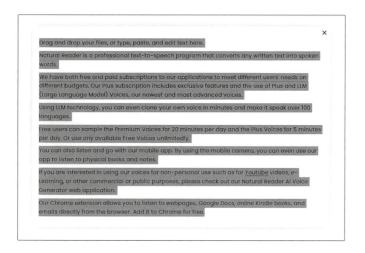

あらかじめサンプルの文章が入っているので、これを一度消去して、読み上げてほしい文章を入力します。また、上のバーの人アイコンのところをクリックすると、ナレーターを変更することができます。US（アメリカ）やUK（イギリス）などの国籍、性別など、自分の習いたい英語に合ったものを学習することができます。

英語ジャーナリング実践3STEP **Chapter 3**

手順③ 音声を読んでもらおう

　読んでほしい文章の入力が終わったら、中央の再生ボタンマークを押します。すると、文章が音声で流れてきます。

　Natural Readerで音声化すると、図のように、読まれている単語が濃い色に変わるようになっています。

It was hard to wake up this morning because it was so cold.

　一度やってみていただくと、驚くほどナチュラルなリズムと発音に驚くはずです。最初は読み上げるスピードが速すぎると感じる方もいるかもしれません。そういうときは、再生ボタンの横にある「1x」というところをクリックしてください。速度を選べます。**少し遅くしたい場合は、0.8倍速程度にするのがおすすめ。**音声の用意ができたら、さっそくモデリング練習に移っていきましょう。

モデリング練習の基本

　モデリングの基本は、とにかく音声を集中して聞き、その通りに発音すること。見本の音声を1文流して、全神経を集中して聞きます。文が終わってから真似するつもりで同じ文を発音します。

　このときのポイントは、ネイティブの音と同じように発音できているかです。自分の頭でイメージしている発音ではなく、**耳で聞いた音をその通りに発音**するよう心がけましょう。

モデリングの基本

見本音声を 1回聞く	見本音声を 1回聞く	見本音声を 1回聞く
①	②	③
聞いた後、 真似して 発音する	聞いた後、 真似して 発音する	聞いた後、 真似して 発音する

3回繰り返す！

英語ジャーナリング実践 3 STEP **Chapter 3**

　うまくできているかわからないときは、自分の音声を録音して確認するのがよいでしょう。

　自分が実際に発音している音と、見本音声を聞き比べると、色々なことに気づきます。例えば、「自分は I を "アイ" と発音していたけど、実際はとても短く「ア」とだけ発音しているな」など。それに気が付いたら、自分で見本音声の通りに発音してみます。

　特に、次の点に注意してみてください。

□ 単語の発音が違うところはないか
□ 見本音声で、隣あった単語同士の音がつながって聞こえるところはないか。それを自分は再現できているか
□ 見本音声のようなテンポで、イントネーション（音の高低）がついているか

　最初は難しく感じるかもしれませんが、いきなり完璧にできる必要はありません。発音がうまくできなくても、ネイティブの音声を聞いているだけで、リスニング練習にはなっているのですから、気楽に続けましょう。いきなり全文をモデリングするのが難しく感じる人は、**「ジャーナリングで書いた英文のうち1文だけを、3回モデリング練習する」**ことをまずは目標にしてください。

067

スモールステップで継続することを心がけよう

　ここまでが、ジャーナリングの基本的なやり方です。シンプルですが、**「読む・書く・話す・聞く」の４技能が全て入っている、**とても効果的なトレーニングです。繰り返しになりますが、最初からたくさんの英文を書いたり、何十分も発音練習をしたりする必要はありません。

　最初は１日３つ英文を書いて、声に出して発音する。これだけでも十分です。そして、それができたら、**自分を思いっきり褒めてあげましょう！**　次のChapterで詳しく説明しますが、一度にたくさんの学習をしようとしたり、進み具合を人と比べて「自分なんか……」と落ち込んでしまったりすることは、実は英語学習の大敵です。**英語は、とにかく続けることが大事。**「毎日続けられる」くらいの、自分にとってちょうどよい負荷でやるようにしましょう。

　次の項目では、ChatGPTの使い方について、もう少し詳しく解説していきます。

Chapter 3-5

ChatGPTの使い方のコツ

ChatGPTは気軽に聞ける"英語ネイティブ"

ChatGPTは、膨大な量のデータを学習しています。中でも英語の情報を一番多く学習しているので、ある意味で、英語ネイティブのような存在です。今までだったら、ネイティブに質問できる機会は限られていました。でも今では、気軽に質問することができるので、積極的に使っていきましょう！　この項では、ChatGPTをあなたの英語の先生としてうまく活用するコツをお伝えします。

わからない解説は遠慮なく質問する

ChatGPTのいいところは、わからないところを何回でも質問できるところです。AIなので、どんなことを何回聞いてもすぐに答えてくれます。ですので、わからない単語やフレーズをそのままにしておかず、その場ですぐに聞くことが大切です。質問は日本語で聞けばOK。「英語がわからないから質問しづらい……」と思わず、辞書感覚で「この単語の意味は？」と聞いてみましょう。

ChatGPTへの質問の例
- 「いまの説明に出てきたresponsibilityという単語の意味を簡単に教えてください。」
- 「ここでto不定詞ではなく動名詞を使うのはなぜですか?」
- 「違う言い回しで言うことはできますか?」
- 「XXとのニュアンスの違いを教えてください。」

難しい英語は「やさしくして」とリクエスト

　ChatGPTは答えを生成する際、難易度やスタイルを調整することができます。例えば、「子ども向けに説明して」「英語初心者向けに教えて」などのキーワードを入れると、平易な単語や短い文章にしてくれます。

　また、ChatGPTが書き出してきた英文が、自分のレベルよりも難しく、長すぎるということもあると思います。そんな時は、「簡単な英語を使ってください」「文章はできるだけ短く、シンプルにしてください」といった指示をしてみましょう。

ChatGPTに"レベル指定"する
- 「その解説を、小学生でもわかるように簡単な英語で説明してください。」
- 「英語初心者でも理解できるレベルで答えてください。文を短くして、やさしい単語を使ってください。」

英語ジャーナリング実践3STEP **Chapter 3**

間違った回答が返ってきたら？

AIは時々、誤った答えを返すこともあります。回答の精度を上げるためには、次のような質問をするのも効果的です。

- 「念のため、辞書やほかの情報源も確認したほうがいいですか？」
- 「この回答の根拠を教えてください。」

とても便利なChatGPTですが、全てが正しい情報とは限りません。気になる場合は、辞書やほかの参考書、あるいは信頼できる英語の先生に確認すると安心です。ただし、英語学習を始めたばかりの方にとっては、十分すぎるほど役立ちます。積極的に使っていきましょう。

Chapter 3 まとめ

 「書く⇒添削⇒発音」の 3STEPで進めよう

この3つのステップを通して行うことで、英会話に必要な力が鍛えられる！

 AIツールをフル活用して進めよう

わからないところはChatGPTに聞けばOK。悩む前にまず書いてみよう。

 モデリングのコツは「真似して、比べる」

聞くことを何度も繰り返すことで、リスニング力も身につく。最初は短い1文からでもOK。

Chapter

4

ジャーナリング
実践のコツ

Chapter 4-1

何に書く？

ライフスタイルに合ったやり方を選ぼう

　ここまで読んでくださったあなたは、きっと「すぐにジャーナリングを始めてみたい」と感じてくださっていることと思います。「やってみたい！」という気持ちが芽生えたら、それをすぐに実践することは大切なことです。一方で、まだ「どうやって、どのように進めたらいいの？」という疑問がわく方もいるかもしれません。このChapterではもう少し詳しく、ジャーナリングを実践するときのコツについてお話ししていきます。

　まず、「何に文章を書くのがいいの？」という疑問が浮かぶ方もいるかと思います。ですが結論から言うと、何でも大丈夫です。紙でもスマホでも構いません。大事なのは、**自分のライフスタイルに合っていて続けやすい**こと、そして**実践するときに少しテンションが上がる**ものであることです。

　私自身は、ずっと「5年日記」という日記帳を使っていました。これは、私が手書きの感覚が好きだったということが大きいです。今の時代、机に座って紙とペンで書くってあまりないので、何だか特別感があるんですよね。「ちょっとかっこいいな」みたいな。そこがいいんです。取り組むときにちょっとテンションが上がる。小さなことですけど、モチベーションをキ

ジャーナリング実践のコツ **Chapter 4**

ープするためには大切なことかなと思っています。

「非日常の環境で、ジャーナリングのモードに入って書く」っ
ていう特別感からモチベーションを保って、習慣化につながっ
ているのかなと思います。だから、自分のテンションが上がる
ものを選んでみてください。

　**忙しくて時間がないから、移動時間や空き時間にスマホのメ
モに書き込むのが続けやすい**という方もいると思います。ご自
身がやりやすく続けやすい方法であれば問題ありません。

　本書では、巻末資料として「ジャーナリング実践シート」を
１週間分用意しました。まずは、これに書き込むことから始め
てみてください。１週間続けられたら、フォーマットをコピー
して紙で印刷して使ってもよいですし、自分で用意したノート
を使ってもよいと思います。また、ダウンロード特典として、
このジャーナリング実践シートをPDFファイルでダウンロード
できるようにもしました（➡p.140）。こちらを印刷したり、ダ
ウンロードしてタブレット上で書き込んだりするなどして活用
してください。

Chapter 4-2

何を書く?

その日にあった出来事の中から、書くことを選ぼう

　基本的には自分の書きたいことを書けばいいのですが、何を書けばいいのか迷う方もいると思います。私が運営しているLinkupの英語コーチングでは、その日にあった出来事をシンプルに書くよう指導しています。朝にジャーナリングをする場合は、前日の出来事を振り返って書きましょう。

　例えば、こんな感じです。

Today, when I went to school, this girl picked a fight with me. So my friend, Miyoko decided to step in and fought for me instead. I felt so relieved and so thankful to have her as a friend.

（今日学校に行く途中で、ある女子がうちに喧嘩を売ってきた。そこでダチのみよこがかばってくれて、うちの代わりにそいつをボコボコにしてくれた。マジで安心したし、みよこがダチでいてくれて感謝）

　これは、私のヤンキー時代のジャーナリングの例なので、皆さんには縁がないシチュエーションかもしれませんが……（笑）。

　内容の詳細はともかく、この例を通じてお伝えしたいのは、**「日常の中で自分がしたこと、遭遇したこと、思ったことなど、**

ジャーナリング実践のコツ **Chapter 4**

シンプルなことをシンプルな英文で書けばそれでOK！」ということです。

身近な出来事を書いて、日常で使える語彙を増やす

「日常のことを書く」というのは、簡単なようで、結構頭を使います。ここで少し、英語のワークをしてみましょう。こちらの１文を英語でなんと言うか考えてみてください。

> 観葉植物に水をあげた。

どうでしょうか？　意外と難しいですよね。答えはこちらです。

> I watered my houseplants.

waterは「水」というイメージがあるかもしれませんが、実は動詞で「〜に水をやる」っていう意味もあるんです。TOEICにもよく出てくる表現ですね。また、「観葉植物」っていう言葉をなんと言い表していいか迷った人も多いと思います。実はこれは、英検１級やTOEIC満点を取っていたとしても、すぐに答えられない人も多い単語です。

でも、単語がわからなかったからといってあきらめる必要はありません。私もわからない単語があれば、まずは**どうにか簡単な単語で言い表せないかを考えてみます。**例えば、「観葉植物」であれば、「デコレーションのための植物」と言い換えて**「plants for decoration」**でも良いかもしれないですし、「家の中にある木」であれば、**「a tree inside the house」**でも言い

たいことは伝わると思います。こうやって少し頭を使って考え
てみて、自分なりに書いてみる。それでもわからないものは
ChatGPTに聞いたり、辞書で調べたりする。こうしたことの繰
り返しで、**少しずつ自分の中の語彙が増えていきます。**あまり
難しく考えなくて大丈夫。ただし、「そもそも文をどうやって書
いたらいいかわからない」という人は、Chapter 5以降に英語
の基礎作りのための勉強法をまとめていますので、そちらを参
照してください。

毎日の目標を書くのもおすすめ！

　Linkupの生徒さんのなかには、**その日の英語学習の記録を書
いている**方もいます。つまり、「今日は単語を30個覚えた」、「コ
ーチと日々の振り返りをした」など、その日にした学習を振り
返って英語で書くのです。何も書くことが思い浮かばない場合、
このようにその日にやった英語学習の振り返りや明日の予定な
どをジャーナリングしてもいいですね。そのときに、実践した
ことについて自分がどう思ったか、自分の気持ちも書くように
すると、表現の幅がアップすると思います。

Chapter 4-3

いつ、どこで書く？

ルールや縛りはゆるく始めよう

「できるだけ同じ時間・場所でやった方が習慣化しやすい」ということを聞いたことはありませんか？　これは確かにその通りなのですが、個人的には、「絶対に出勤前にやる」とか「絶対に寝る前にやる」とか、**「絶対に〜にやる」みたいなルールをガチガチに作らない方がいい**と思っています。

　私自身は、基本的に夜にジャーナリングをしていました。でも、夜が忙しかったら朝に回すとか、空き時間を見つけてやるとか、臨機応変に変えていましたね。

「絶対にこうする」ってルールに支配されちゃうと、やれなかったときに自分を責めすぎてしまうんですよね。そうすると自己肯定感が削られて、いつのまにか楽しくなくなって、続けられなくなってしまう。あえて「絶対」を決めないからこそ、習慣化につながると思うんです。

「どこで書くのか」も同じで、ルールに縛られすぎるのはよくないと思います。私は机に向かって書くのが好きでした。何だか瞑想と同じような効果というか、心がリフレッシュする特別感があったんですよね。自室で書く、カフェで書く、通勤中に書くとか、生徒さんに聞いてもそれぞれ固定している人もいれば、気分によって変えている人もいます。**色々試してみて、自分にとってのベストを探す。**そんな感覚で取り組んでください。

079

Chapter 4-4

継続するための仕掛け

やる気はあえてセーブする

　なかなか習慣化する自信が持てなかったり、これまで挫折した経験があったりして、「どうせまた自分はできないんじゃないか……」と思う方もいますよね。私は学習者の方を見て、**「自分のことをもっと褒めたらいいのに！」**といつも思います。初めから大きな壁に挑戦しようとしてうまくいかず、できない自分を責め、挫折してしまっている方が多いようです。

　ジャーナリングについても、「よし、じゃぁ1年続けられるように頑張ろう」「毎日絶対書こう」とか、「1文書いて終わりじゃ恥ずかしい」「ノートをできるだけ埋めないと」など、知らず知らずのうちにハードルを上げてしまっていないでしょうか。

　やる気があるのは素晴らしいことなのですが、あえて言うと、**やる気はできるだけ抑えた方がいい**のです。やる気があるときに高い目標を設定すると、できなかった日が1日でもあったときに「自分にがっかり」してしまう。そしてその感情が積み重なると、**いつしか「英語嫌い」になってしまう**からです。

　時には、「どうしてもジャーナリングする時間がない」、もしくは気分が下がることがあって「ジャーナリングどころではない！」という日もあるはずです。「明日までにプレゼンの資料を作らなきゃ」とか、「明日はテストだから徹夜しなきゃ」とか。そういうときには、ジャーナリングを開いて1文書くだけでも

ジャーナリング実践のコツ **Chapter 4**

構いません。もし高熱が出たとかで本当に無理なら、**ジャーナリングを開いてみるだけでもいい**です。そして、数単語でも、1文でも書けたら、自分を褒めてあげてください。少しずつ積み重ねて自己肯定感を上げていくことが重要です。

「本当に1文でいいの？」「そんなんで、勉強になるの？」と思う人もいるかもしれませんが、安心してください。仮に1日1文を最低限毎日続けていけば、「今日はもう少し書いてみようかな」「今日は発音練習をもう少しやってみようかな」という気になる日が来ます。このように、小さな目標を立て、それを突破していくことを積み重ねていけば、だんだん負荷が高いことにも挑戦できるようになっていきます。

成長を振り返る習慣をつけよう

ジャーナリングのいいところは、**学習を実践したことが、記録となって残っていくところ**。3日、1週間、2週間、1か月……と、書き続けたプロセスを時々振り返るようにしてください。ここでも、自分のことを褒めてあげてくださいね。「自分、続けられててえらいやん」って。まずは継続できていること自体を褒めてあげてください。

もしかすると、最初のうちは成長していないように感じたり、代わり映えがしないように感じたりするかもしれません。すぐに成長を追い求める必要はありません。**毎日の積み重ねは小さくても、続けていれば必ず成果は出ます。**

下記が、LinkUpの生徒さんが実施したジャーナリングの例です。（文法の間違いなどもそのまま掲載しています）。使える語彙の量も、表現の幅も広がっていることがおわかりいただけると思います。

１か月目

It will be rain tomorrow, so I will not go to the gym. I have to change my plan tomorrow.

（参考訳）明日は雨が降るみたいなので、ジムには行きません。予定を変更しないといけません。

６か月目

I woke up at noon. These days my lifestyle is bad, so I need to manage it myself. And I worked out from 4 pm to 6 pm, so my arm is sore. I reached the chiropractic clinic so that I get a massage, they didn't answer the phone. So I will call them next time.

（参考訳）今日はお昼に起きました。最近生活習慣が悪いので、自分でちゃんと管理しないといけません。午後４時から６時までトレーニングしたので、腕が筋肉痛です。マッサージを受けようとカイロプラクティックに電話したのですが、電話に出ませんでした。なので、次回また電話してみます。

ジャーナリング実践のコツ **Chapter 4**

一緒に続ける仲間を作ろう

　英語を独学で勉強するときの一番のネックは、モチベーションが続かないことだと思います。モチベをキープするには、**定期的に同じ志を持った仲間と勉強したり、進捗を報告し合ったりできるのが理想**です。LinkUpでも、その部分は特に強化しています。例えば、卒業生を呼んで勉強中の生徒さんと交流してもらう場を作ったり、生徒さん同士が交流できる場を作ったりしています。そういうつながりが持つ力って、すごく大きいです。

　この本を読んでいる方だと、独学で頑張っている方も多いはずです。なかなか周りに英語を勉強する仲間を見つけるのは難しいという方もいますよね。

　そんな方は**まずはこの本の読者の方同士でつながっちゃいましょう！**　ということで、この本の読者の方専用のハッシュタグを用意しました。ジャーナリングを実践したら、その写真を撮り、**「＃夢をかなえるジャーナリング」**というハッシュタグをつけて、投稿してみてください。

　投稿する仲間が多くなれば、きっとお互いの存在が励みになって、続けられると思います。お互いに良い勉強法をしている人がいたらリポストしたり、コメントをしたりして、みんなで学習の輪を広げていけたらうれしいです。

Chapter 4 まとめ

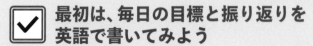

- ☑ **最初は、毎日の目標と振り返りを英語で書いてみよう**

書くことに迷ったら、勉強したことや、その感想を書くのがおすすめ。

- ☑ **ルールを決めすぎず、自分に合った方法を見つけよう**

柔軟に取り組むのが行動のハードルを下げるコツ。

- ☑ **1文でも書けたらえらい！自分を褒めよう**

あくまで大事なのは継続！　最初にやりすぎないのもコツ。

- ☑ **一緒に続ける仲間を作ろう**

X（旧Twitter）で、ハッシュタグ「#夢をかなえるジャーナリング」をつけて投稿してみて！

Chapter

5

英語学習のルール①
発音できる音は
聞き取れる

Chapter 5-1

英語学習で
まず意識すべきは「音」！

英語学習に最も重要な要素

　ここからは、ジャーナリングを始めるときに、一緒に理解しておきたい英語学習の基本的なルールについてお話ししていきます。やみくもに英語ジャーナリングを進めようとしても、そもそもの英語学習の基本がわかっていないと不安で挫折してしまうこともあるかと思いますので、まずは、基本を押さえておきましょう。

　まず、英語の初心者がおさえるべき重要なポイントは**「発音」「単語」「文法」の３つです。**そして、この３つの中で足りていない人が最も多いのが、「発音」です。単語や文法については、ある程度知識はある人が多いのですが、そこで止まってしまう人が少なくありません。そうなると、**知識止まりの英語力になって、いつまでたっても英語は話せないし、聞き取れるようになりません。**皆さんの中にも、会話やリスニングがなかなかできなくて困っている人は多いと思います。ですので、まずはこの「音」というポイントからお話していきます。

英語の音が聞き取れないのはなぜ？

　英語が聞き取れるようになるためには、何をすればいいでしょうか？　もしかしたら、「英語で洋画やドラマを見る」など、

英語学習のルール① 発音できる音は聞き取れる **Chapter 5**

とにかく英語をシャワーのように浴びればいいと考えた人もいるかもしれません。ですが、これは**間違った勉強法**です。英語のリスニング力を上げる方法を知らないまま、ただなんとなく英語の音を聞いているだけでは、いつまでたっても英語が聞き取れるようになりません。なぜかというと、**英語は日本語とは音の構造が大きく違うから**です。ほぼ文字で書かれている通りに発音される日本語とは違い、英語ではリエゾン（音のつながり）やリダクション（音の省略）といった、音の変化が頻繁に起こります。

〈音声変化の例〉
　What are you doing?➡「ホワット アー ユー ドゥーイング？」ではなく、**「ワッチャ ドゥーイン？」**と聞こえる。
　I don't know.➡「アイ ドントノウ」ではなく、**「アイダノウ」**と聞こえる。

　このため、文字上の音と実際に発音される音にギャップが生まれ、**「知っているはずの英語なのに聞き取れない」**ということが起こります。洋画を見ていて全く聞き取れなかったセリフも、スクリプトを見ていると実は知っている単語だった、ということはありませんか？　こういった事象が起こるのも、このためです。

理解すべき重要なルール

　じゃあ、どうすれば英語を聞き取れるようになるのか？　それを理解するためにとても重要なルールが一つあります。それが、**「発音できる単語は聞き取れる」**ということです。

087

つまり、発音練習を通じて自分がきれいに発音できる音や単語が増えれば増えるほど、比例してリスニング力も伸びていきます。自分で発音ができるようになることと、聞き取れるようになることは表裏一体なんです。逆に言うと、自分で正しく発音できるようにするトレーニングなしに、英語を聞き取る力が劇的に伸びることはまずありません。

　では、英語の発音を実際にどういうふうに伸ばしたらいいのか？　「やっぱり発音記号とか？」と思われた方もいるかもしれませんが、いきなりそこから入るのは難しいし、やはりそういった知識だけを入れていてもなかなかできるようにはなりません。私がおすすめするのはとにかくシンプルなやり方で、とことん練習すること。**「英語の発音を聞く」➡「自分で真似して発音する」➡「自分の発音をチェックする」**というトレーニングを積み重ねることです。このモデリングのトレーニングを通じて英語を正しく発音し、聞き取る力を育てていきます。

Chapter 5-2

発音の練習法

正しい音で発音しよう

　モデリングの基本的なやり方は、ジャーナリングのSTEPの中でもお話ししましたが（➡p.062）、まず重要なのは正しく発音すること。ここでは自分が単語を正しく発音できているかを簡単にチェックできる方法をお伝えします。

　それが、**Googleの発音機能を使った方法**です。発音がわからなかったり、うまく発音できなかったりする単語があれば、「〇〇　発音」とGoogleで検索してください。

　ここでは試しに、reservation（予約）という単語を検索してみましょう。

　すると、Googleの機能で、発音を示す画面が出てきます。音声ボタンを押すと、発音と口の形を教えてくれます。何度も音

を聞いて、発音して練習しましょう。

さらに、スマートフォンの言語設定を英語にすれば、「Practice」（練習モード）を使うこともできます。これをクリックしてから自分で発音すると、実際の音声と比べて、合っているところ、間違っているところを教えてくれます。パーフェクトな発音だった場合は「Good」と表示されます。

これを完璧に発音できるようになるまで、何回も何十回でも練習しましょう。正直な話、**ここは根性です。**最初はネイティブの音を「完コピ」するのは大変だし疲れます。私自身も、受験勉強をしていたときにひたすらモデリングをしていました。先生に何回も直されて、また自分で発音して、そこからまた直されての繰り返しでした。でもやっぱり「やった分だけ効果が出た」と、自信を持って言えます。続けていれば、**だんだん「ネイティブ発音と自分の発音のギャップ」が埋まってくる**のが実感できます。とにかく、継続です。

意味も意識しながら読もう

英語の発音を学ぶ際に、もう一つ重要なことをお話しします。その前に、まず次の英文を声に出して読んでみてください。

I'm going to Don Quijote tomorrow night. Want to come?

いま発音したとき、何かイメージ・情景が頭に浮かびましたか？　このフレーズは「明日の夜ドンキー行くねんけど、来る？」という意味です。なので、それを実際に発音するときには、**自分が友達を誘っているシーンや、何かしらのイメージが浮か**

ぶのが自然です。この、イメージを持つということが2つ目のポイントです。

　ただ英語を発音しているだけだと、どうしてもフレーズを忘れてしまいやすくなるし、意味とのつながりが薄れてしまいます。**せっかく音が聞き取れるようになっても、言っていることの意味がわからない、**ということになってしまいかねません。

　ジャーナリングの場合は、特に英文の意味は理解しやすいですよね。だって、自分で体験して、自分で書いた文なんですから。なので、ぜひそのときの光景や、自分の気持ちなどを思い浮かべて、何度も発音するようにしてください。

音と意味の両方を意識しよう

　ここまでの話をまとめると、発音練習をするうえでは「音」と「意味」の両方の理解が必要だということになります。これを意識しなければいけないのは、リスニングでも同じです。次の2つを意識する必要があります。

> リスニングの2つの理解
> ・音の理解（ネイティブの発音する音を理解できる）
> ・意味の理解（音を聞いて、その単語の意味が理解できる）

　この2つを意識しつつ、どちらも伸ばしていくというのが、リスニング力を伸ばしていくために重要です。先ほど述べたように、音の理解が十分でないと「知っているはずの英語なのに聞き取れなかった」ということが起こりますし、意味の理解が十分でないと「音は聞き取れたけどなんといっていいかわからなかった」ということになってしまいます。発音練習の際も、

この2つは必ず意識しましょう。

2つが合わさって初めて「聞こえる」ようになる

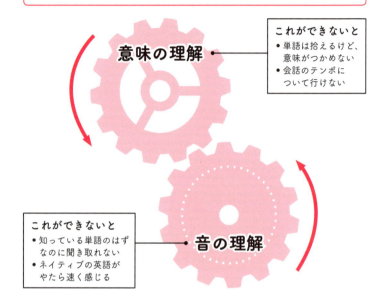

意味の理解

これができないと
- 単語は拾えるけど、意味がつかめない
- 会話のテンポについて行けない

音の理解

これができないと
- 知っている単語のはずなのに聞き取れない
- ネイティブの英語がやたら速く感じる

Chapter 5-3

シャドーイングの落とし穴と
モデリング教材の選び方

初心者は要注意！ シャドーイングに手を出さない

「シャドーイング」という勉強法を聞いたり実践したりしたことがある人は多いと思います。**英文を聞きながら、同時に自分でも発音していくというやり方**です。でも、私のYouTubeを見ている方ならもうおわかりだと思いますが、私はシャドーイングを全くおすすめしません。特に、「初心者が手を出したらあかん勉強法」だと思っています。

　シャドーイングの一番の問題点は、「英文を聞く」という工程がおろそかになることです。自分で同時に発音をしているので、「集中して英文だけを聞く」ということができません。

　何度もお伝えしているように、発音を正しくするためには、まずは「聞く」ことが大切です。シャドーイングに手を出すよりも、まずは１文・１単語ずつ音声を聞き、それを正しく発音するというモデリングを根気強く続けるようにしていきましょう。次のページに、モデリングとシャドーイングの違いについてまとめました。

モデリングとシャドーイングの違い

	モデリング	シャドーイング
やり方	1文を聞き終わってから、真似して英語を話す	1単語くらい遅れて、影のように英語を読み上げていく
メリット	・内容理解と音の確認がしやすい ・英語の音・リズム・イントネーションが正しく頭に入りやすい ・1文ごとに集中して聞くため、理解度が高まる	・リズムやスピード感を体得しやすい ・リスニングと発話を同時進行で行うため、処理能力を鍛えられる
デメリット	一つ一つ丁寧に行うと時間がかかる	・同時に発音するため聞き取りがおろそかになりがち ・特に初心者の場合は、正しく聞く前に声を出してしまうことで誤った発音を身につけるリスクが高い
学習のしやすさ	1文から始められる	ある程度まとまった量の英文で行うのが一般的
対象	初心者におすすめ	通訳者を目指す人など、上級者向け

英語学習のルール① 発音できる音は聞き取れる **Chapter 5**

モデリングにおすすめの教材は？

「自分でジャーナリングした文章だけじゃなくて、さらにモデリングの練習をしたい！」という人のために、おすすめの教材についてお話します。

よく、「海外ドラマや映画でおすすめのものはありますか？」と聞かれるのですが、正直なところなかなかレベルが高いので、初心者の方にはあまりおすすめはしません。出演者の言っていることが**ほぼ聞き取れない状態で見ても意味がない**からです。

例えば、『フレンズ』などはよく英語学習者におすすめされたりします。確かに、日常的な語彙は使われるし、ナチュラルではあると思うのですが、私から見ると『フレンズ』もかなり高度で中上級者向けです。主要人物が６人出てきて、巧みな掛け合いで話が展開するので、意外と複雑なんです。おまけにナチュラルスピードでずっと話し続けているので、初心者がついていくのは大変です。こういった、**一見簡単そうに見えて実は高度なものに手を出してしまうのが、英語学習に潜む罠**だと思います。

初心者だけど、どうしても大人向けの海外ドラマや映画を使ってやりたいなら、お気に入りの海外ドラマから簡単な１フレーズだけを選んで、繰り返し練習するのがいいと思います。今はNetflixなどで見れば英語字幕もつけることができるので、それで選んだ１文を繰り返し聞いて、真似して発音しましょう。

私が特におすすめするのは、**子供向けのアニメやドラマ**です。ポイントは、英語のレベルが自分に合っていて、できるだけ自分の生活に近く、使えそうなフレーズがたくさん出てくる作品を選ぶことです。例えば、ディズニープリンセスが出てくる映

画はおもしろいですが、状況があまりに自分の生活と違ったり、話し方や使う言葉が少し古めかしかったりと、そのまま使うことができなさそうなフレーズが多く出てきます。なので、**もう少し生活に根差したものを選ぶのがおすすめ**です。例えば、『トイ・ストーリー』のシリーズなどもいいですね。

　私は英語学習のために『おさるのジョージ』を見ていました。ジョージは「黄色いおじさん」と住んでいて、ジョージの身の回りに起こるハプニングを軸に物語が進んでいきます。おさるといっても、人間と同じような生活をしているので、ストーリーには日常的なシーンが多く出てきます。例えば「料理を作って食べる」「買い物に行く」「キャンプに行く」「歯医者に行く」とか。YouTubeに公式チャンネル「Curious George Official」があるので見てみてください。YouTubeで視聴する場合は、英語字幕を設定することもできます。これを使って、「聞く➡発音する➡チェックする」のモデリングにトライしてみてください。

Chapter 5 まとめ

 発音できる音は聞き取れる

聞き取れない音は、まず自分で発音してみる。

 「音の理解」と「意味の理解」両方を意識する

音に注意しつつ、意味も意識しながら発音練習をしよう。

 初心者はシャドーイングには要注意！まずはモデリング

シャドーイングは「発音」学習には適さない。まずは音を集中して「聞く」ことができるモデリングから始めて。

 まずは簡単な、短い英文でモデリング

最初から大人向けの洋画に手を出すのではなく、子供向けのアニメなどで始めるのがおすすめ。

Chapter

6

英語学習のルール②
単語は
意味で覚えるな！

Chapter 6-1

Waterは「水」じゃない！
英単語はイメージで覚えよう

「発音」という一番大事なルールがわかったところで、次は英語力をさらに上げていくための単語力の鍛え方についてお話ししていきます。

勉強法についてお話しする前に、まずテストです。次のイラストを表す単語は何でしょうか？

正解は、a glass of waterです。でも、ここで重要なのは答えがわかったか、ではありません。**このイラストを見たときにあなたがどういう発想をしたか**が重要です。
「水がコップに入っているな。コップ1杯の水は……確か、a glass of waterだっけ」。多くの人はこのような思考のプロセスで、英語を導き出したのではないかと思います。もしかすると、「コップに入った水って何て言うんだっけ？」と、言い方がわからなくて立ち止まってしまった人もいたかもしれません。
このように、

- 英語で説明する語句が出てこなかった人
- 一度日本語で考えてから英語の文章を作ってしまった人

　この２つに当てはまる人はかなり要注意です。これをやっている限りは、いつまでたっても英語をスムーズに話せるようにはなれません。なぜかというと、これだと**英語で考える＝「英語脳」が作れず、いつまでたっても日本語を介して考えることしかできない**からです。私も最初は、日本語から英語で考えて、そして英語から日本語にして……ということを繰り返しやっていました。でもその癖が抜けないと、全然スムーズにテンポよく話すことができません。しかも、**理解する速度もめちゃくちゃ遅くなってしまいます。**そうすると、TOEICの問題を最後まで解ききれないとか、ネイティブの速い会話についていけないということが起こります。それを解消するために必要なのが英語脳を作ること。そして、英語脳を作るカギをにぎっているのは、実は単語の覚え方なんです。

そもそも英語脳とは？

　英語脳というのは、**英語を英語のまま理解して、そのうえで話す、考えることができる能力**のこと。私たちのような日本語のネイティブは自然と日本語で考える「日本語脳」を持っています。
　例えば、「電車」という単語を聞いたら、山手線を走る電車だったり、地元の電車だったり、とにかく移動手段としての乗り物がイメージで思い浮かびますよね。でも、trainという単語を聞いたときはどうでしょうか。ほとんどの人が、英単語を聞い

たら真っ先に「電車」という日本語の単語を思い浮かべると思うんです。しかし、英語脳を持っている人は、trainと聞けばとっさに乗り物のイメージが湧きます。英単語とイメージが直接結びついている状態、これが英語脳です。

英語脳の人は、英単語とイメージが結びついている

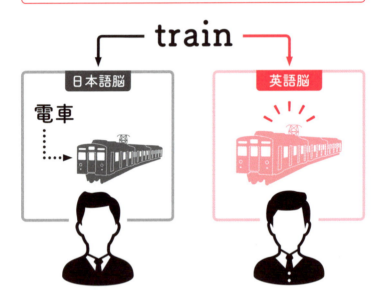

英語学習のルール② 単語は意味で覚えるな！ **Chapter 6**

イメージと単語を結びつけて覚えよう

　英語脳を作っていくためには、単語を覚えるときに**「英単語」と「自分の目で見えるもの」とを結びつけて覚えていく**ことが重要です。

　例えば、brightという単語で考えてみましょう。これは「まぶしい」という意味の形容詞ですが、これを「bright＝まぶしい」だと暗記するだけでは英語脳は育ちません。実際に、「まぶしいなぁ」というイメージと一緒に覚えることが大事です。難しく感じるかもしれませんが、やり方はとてもシンプルです。部屋の中にある蛍光灯の光を見ながら、あるいは外の太陽の光を眺めながら、「まぶしいなぁ」と思って声に出して「bright」と言えばいいんです。

　つまり、**「bright＝まぶしい」と、日本語とイコールにして覚えるのではなく、具体的な「光のイメージ」と結びつけて覚える**ということです。

画像検索でイメージをつかもう

「bright＝まぶしい」の例はわかりやすいですが、普段英単語を覚える中で、イメージがわきにくい単語はたくさんありますよね。特に単語帳で覚えていると、どうしても文字情報だけでインプットしがち。そんなときに役立つのがGoogleの画像検索です。

　試しに、waterで画像検索してみましょう。出てくるのは次のページの図の通り、コップに入っている水や、水が「ぽちゃん」ってなっている瞬間の画像です。

103

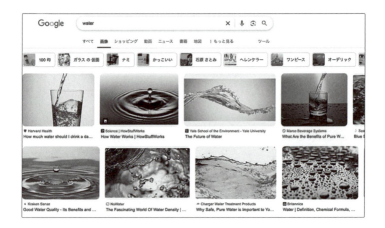

　この画像を見て、指をさしてwaterと言うようにしましょう。こういった光景を見たら、「水」ではなくてwaterという単語が思い浮かぶようになるのが理想です。

　こういうふうに、**イメージで捉えるのがとても大事**です。「水」っていう「文字」で捉えるんじゃないのです。だから私はいつも「waterは『水』じゃない！」って言ってます。

　まずは、waterのような基本的な単語から、イメージで捉えていく癖をつけてください。

Chapter 6-2

効率的な単語力の伸ばし方

　単語を覚えることは、英語を習得するのに不可欠。そうわかってはいても、「単語覚えるの嫌い！」「めんどくさい」「もう嫌すぎて、単語帳捨てたい！」という気持ちになる方はいますよね。語彙学習って終わりがないので、いったいどこまで覚えたらいいのか、途方に暮れる気持ちもよくわかります。

　英単語は、全部で4万7000語あると言われています。だけど、その4万7000語を全部覚えなければ話せるようにならないかと言うと、絶対にそんなことはありません。**ネイティブも難しい語彙を頻繁に使うわけではありません**。私たち日本人も、日本語の難しい四字熟語とか慣用句を日ごろから使っているわけではありませんよね。それと同じで、まずは簡単で日常で使う単語を覚えられたら、会話をするのにほぼ困らないようになります。

　具体的には、**まず100語覚える。それができたら、次に1000語覚える**というのを指標にしましょう。

　巻末資料3に最初に覚えたい100単語を厳選して紹介しています。動画もありますので、まずはそこから始めてもOKです。

QR-04

　まず100語が覚えられたら、それだけで少し自信がつくはずです。それをはずみに、次は1000語覚えることを目標にしてください。

　そのときにおすすめの教材は、『英単語ターゲット1200』(旺文社)です。この単語帳には、最初に覚えたい基本単語がコン

パクトにまとまっています。まずはこれから覚えることを始めましょう。NGなのは、最初に3000語とか4000語とかを一気に覚えようとすること。そうすると、英語の勉強が単語の暗記に偏ってしまって、英語の楽しさがわからないまま挫折してしまいます。1000語に到達した後、次の到達点として、ゆくゆくは3000語とか4000語を目指していく。そんな感覚で取り組んでください。

単語を覚える際には、順番が大切！

「品詞」という言葉を、聞いたことがありますか。ざっくり説明すると、**「品詞＝言葉の種類や役割を表す分類のこと」**。次のページにあるように、英語には9つの品詞があります。

この品詞の役割を全部覚えてね、ということではないので安心してください。ここで言いたいのは、英語初心者にとって、この9個が平等に大切なわけじゃないということ。つまり、**重要度が高いものと低いものがある**んです。

まず初心者に覚えてほしいのが、**「動詞」「名詞」「形容詞」の3つ**。この部分はしっかり読んで、それぞれの役割も覚えてください。ほかのところは、英語学習の最初の段階では、サラッと読んでおくだけでOKです。

なぜ動詞、名詞、形容詞が大事かというと、英語の中心となる情報がこの3つによって構成されているからです。たとえば、「誰が（名詞）」「何をする（動詞）」「どんな様子・状態か（形容詞）」がわかれば、コミュニケーションの上で重要な情報はほぼ伝えられます。逆に、他の品詞（副詞や前置詞など）は、もう少し慣れてきてから徐々に使いこなせれば十分です。

英語学習のルール② 単語は意味で覚えるな！ **Chapter 6**

主な品詞と役割

品詞	役割	単語の例
動詞	動作を表す be動詞は「〜である」「いる」を表す	run（走る） enjoy（楽しむ） is（〜である）
名詞	物や人、場所などの名前を表す	cat（猫） city（都市） idea（考え）
形容詞	名詞を説明して、その特徴を表す	beautiful（美しい） big（大きい）
代名詞	名詞の代わりに使われる	he（彼） it（それ） they（彼ら）
前置詞	（代）名詞の前に置いて位置や時間の関係を示す	in（中に） on（上に） at（〜で）
副詞	動詞や形容詞、他の副詞を詳しく説明する	quickly（速く） very（とても）
接続詞	単語や文をつなぐ	and（そして） but（しかし） because（なぜなら）
冠詞	名詞の前に置いて特定のものかどうかを示す	a（ある〜） an（ある〜） the（その〜）のみ
間投詞	感情や反応を表す短い言葉	Oh!（おお！） Wow!（わぁ！）

実際の日常会話でも、最初は**「モノの名前（名詞）➡どんな動きをするか（動詞）➡どんな状態・性質か（形容詞）」**という順番で身につけていく方が、英語が一気に使いやすくなります。初めから副詞や接続詞、前置詞などの細かいルールまで詰め込みすぎると、混乱しやすく、モチベーションが下がってしまうことも多いのです。例えば、「aとtheの使い分け」「前置詞のニュアンスの違い」を気にしすぎてしまうというのも、よくある例だと思います。

　特に、これから学習を始めるのであれば**「身の回りのモノの名前を英語で言えるようになる」**ところから始めましょう。仮に海外に行ったときに、うまい文章で話せなくても、モノの名前を知っていればコミュニケーションはとれます。まず大事なのはモノの名前、つまり名詞です。

　これが一通り言えるようになったら、次は「それを使って何をするのか」を言えるようになりましょう。つまり「動詞」です。coffeeを「飲む」のか「買う」のか、「こぼす」のか、といったように、動詞を学ぶことで表現の幅が広がります。

　さらに、形容詞や副詞を組み合わせることで、より具体的に伝えることができます。例えば、hot coffeeやbig cupのように、単語を組み合わせて表現を豊かにする練習をすると、会話の幅が広がります。

英語学習のルール② 単語は意味で覚えるな！　Chapter 6

英単語を学ぶ際の3STEP

STEP 1　身の回りのモノの名前を英語で言う

例

coffee　　　　notebook　　　desk light

これは何？ どんな名前？ ➡ **名詞**

STEP 2　モノを使って何をするかを表現する

例 I <u>drink</u> coffee.
I <u>read</u> a book.

どんな行動をする？ ➡ **動詞**

STEP 3　モノの様子や状態を伝える

例 I drink <u>hot</u> coffee.
I read a <u>new</u> book.

どんな様子・特徴？ ➡ **形容詞**

Chapter 6-3

英単語を覚えられないとき どうしたらいい？

単語暗記アレルギーから脱却しよう

　生徒さんから、「単語って勉強しても結局忘れてしまう。どうすればいいですか？」「量多すぎてあきらめそう。助けて！」という相談をよく受けます。私自身もこれはすごくわかります。以前、英語の学習に集中していたときは、１日100個以上は詰め込んでました。特に、**TOEICの試験前などは、焦ってたくさん英単語を詰め込んで、試験になったら結局全部忘れる！**といったことを繰り返していました。そういうときって、「この単語帳が覚えにくいのかな？」「どの単語帳だったら覚えられるだろう？」みたいな発想になりがちです。でも、**正直「この単語帳だから覚えられる」といったことはありません。**大事なのは、勉強の仕方。ここからは単語学習の正しい進め方を説明していきます。

大事なのは、量より質

　まずわかってほしいのは、大切なのは量を詰め込むことじゃなくて、**時間がかかってもいいから１単語１単語を質高く学んでいくこと**です。リスニングの学習でもそうでしたよね。なんとなく聞き流しているだけでは意味がなくて、何度も繰り返し聞いて発音して、１文を深く学ぶから、力になるのです。英単

英語学習のルール② 単語は意味で覚えるな！ **Chapter 6**

語でもそれは同じです。

意識してほしい2つの記憶

さらに、英単語学習をしていくうえで意識してほしいことがあります。それは、人間の記憶には2つの種類があるということです。一つは**「短期記憶」**、そしてもう一つが**「長期記憶」**です。「短期記憶」というのは、例えば「昨日何食べた」とか「今日は何色の服を着てた」のような単純な記憶です。10日前に着ていた服の色を思い出せますか？　難しいですよね。そういった単純な記憶は、すぐに忘れてしまいます。

反対に「長期記憶」というのは**数か月から一生にわたって人間が覚えている記憶**のこと。例えば、出身地や兄弟の名前、子供のころよく行った公園、よく遊んだ友達の名前、何かしらの強烈なエピソードなど。こういったずっと覚えている記憶、というものありますよね。こういった記憶が「長期記憶」です。

私たちが英単語を覚えるときに目指すのは、英単語を「長期記憶」に入れることですよね。長期記憶になりやすい情報には3種類あります。

①自分が興味を持っていること
②繰り返されていること
③自分の中の強烈なエピソードに結びついていること

①については、例えば車が好きな人だったら車の名前とか、ディズニーが好きな人だったらプリンセスの名前とか、自分が**好きなものだったら覚えられる**というのは、実感がありますよね。逆に、興味がない人からしたら、頑張って覚えようとした

111

としても、全然記憶に残らないです。

②についても、**繰り返し目にしたもの、聞いたもの、言ったものは記憶に残り続けます。**小学校のときの校歌をまだ歌えたり、実家の電話番号をずっと覚えていたり、という人も多いのではないでしょうか。

③については、例えば自分が告白して振られたとか、他校の生徒に喧嘩を持ち掛けられたとか、**自分の中での印象が強いエピソードはずっと覚えていますよね。**ものすごく衝撃的なものでなかったとしても、あの場面であの人がこう言ったとか、こういう場面で自分はこう思った、とか。パーソナルなエピソードに基づく記憶は長期間残りやすいものです。

この3つのポイントを理解した上で、この仕組みを生かして単語学習をしていきましょう。

単語を長期記憶に入れる

ここまで読んでいただけたら、「単語帳で意味を読む、見る」勉強では単語が覚えられない理由がわかりましたよね。これだと、**単語帳を何周回したところで、記憶は短期記憶のまま。**長期記憶に移行することができず、しばらくたつと忘れてしまいます。もちろんそれでも覚えられる単語はいいのですが、中には何回やっても覚えられない単語があると思います。そういうときにおすすめの勉強法が2つあります。

一つは単語帳の例文を自分なりにアレンジすること。これは、短期記憶に長期記憶を無理やり絡めて覚えやすくする方法です。例えば、単語帳にこんな例文があったとします。

英語学習のルール② 単語は意味で覚えるな！ **Chapter 6**

Visitors were prohibited from taking pictures inside the museum.
（訪問者は博物館内で写真を撮ることを禁止されました。）

---

　prohibitは「〜を禁止する」という意味なんですが、この例文だとなかなか記憶に残りづらいですよね。なので、**この例文を自分の長期記憶に入っているメモリーと無理やり結びつけます。**例えば私だったら、「学校でタバコを吸うのを禁止された」にして、I was prohibited from smoking at school.に書き換えます。

　こんな風に、多少無理やりでもいいので、例文を自分ごとに置き換えてみてください。

　ここで試しに一つやってみましょう。次の例文をアレンジして、自分に関係のある文にしてください。

I didn't recognize her with her new hairstyle.
（新しい髪型では彼女だと気づかなかった。）

　どうでしょうか。例えば私なら、こんな風にアレンジします。

I didn't recognize Miyoko with her new hairstyle.
（新しい髪型で、みよこだと気づかなかった）

　みよこは私の友達です。前に、彼女が髪型をがらりと変えイメチェンしてきて、ぱっと見て気づかないことがあったので、こういう例文にしました。たった1語変えただけですが、私の長期記憶と結びつけられたので、記憶に残りやすくなってい

113

す。自分の過去からエピソードが思い浮かばなくても、何か自分の好きなこと、好きな芸能人と結びつけて考えるのでもいいです。自分の好きなことも、長期記憶として記憶に残りやすいのでしたよね。**英文を作るのが難しい場合は、イメージした絵を描くなどでもいいです。**長期記憶に残すことがポイントなので、少し時間をかけてでも、こういったことをノートや単語帳に書き込むようにしてください。

My単語帳を作ろう

　さらに単語力を伸ばしていきたいという方は、市販の単語帳で勉強するだけではなくて、自分だけの「My単語帳」を作成するのがおすすめ。

　My単語帳とは、自分の身の回りに出てくるものや、自分の興味のあるものを、英単語でどう言うか調べて書き留めていったノートのことです。単語帳に並んでいる無味乾燥な単語たちを眺めているよりも、自分の生活に関連付けて覚えていった方が、効率的に覚えられます。

　ジャーナリングを実践していく中でも、知らない単語に出会ったり、いつも思い出せない単語が出てくると思います。そうしたら、**そういった単語をノートに書き留めて、さらに自分なりのオリジナル例文を作って書き留めていきましょう。**オリジナル例文だと正しい英文が書けているか不安という人は、ジャーナリングのときと同じSTEPで添削してもらえば正しい英語の例文にできます（➡ p.057）。

　こちらのYouTube動画では、私が実際に単語をノートに書いて整理している様子が見られますので、ぜひ参考にしてみてください。

Chapter 6 まとめ

 英単語は意味だけじゃなく、イメージで覚えよう

日本語を介していては、素早く英語を理解し、話すことができない。英語とイメージが結び付くようにしよう。

 最初は100語、次は1000語を目標に覚えよう

最初から何千語も覚えようとすると、挫折の原因になる。まずは少ない区切りで、達成感を味わいながら語彙を増やそう。

 大事なのは、単語を「長期記憶」に入れること！

とりあえず多くの単語を「詰め込む」のはNG。質を大切に、自分の身近なエピソードとつなぐなどして、記憶に残そう。

Chapter

7

英語学習のルール③
文法は「最低限」だけ
覚えよう！

Chapter 7-1

定番のパターンを覚えよう

文法用語にまどわされるな

　英語を勉強していくうえで、多くの人の挫折ポイントとなっているのが「文法」だと思います。私も一番苦手です。英語を話せるようになるためには欠かせないポイントですが、苦手な人が多いですよね。

　文法に苦手意識を持ってしまう一因として、**「文法用語が難しすぎる！」** ということがあると思います。再帰代名詞、他動詞の目的語、仮主語、不可算名詞……普段使わない言葉のオンパレードで、読むだけで気が失せますよね。

　最初から難しい文法書に手を出して挫折してしまったり、逆に穴埋め問題や文法問題を解くばかりになってしまったりすると、英語を話すための勉強からどんどん遠ざかってしまいます。なので、**まずは最低限、中学レベルの簡単な文法を一通り身につけていくことが大事**。私のYouTubeでも、中学英語をできるだけ難しい文法用語を使わずに解説した動画をあげているので、まずこういったものを見ることから始めてみてください。

　もしも、本で勉強した方がやりやすいという方は、『中学英語をもう一度ひとつひとつわかりやすく。』(Gakken) という書籍がおすすめです。この本も、難しい用語を避け、イラストなどを入れて解説しているので、勉強しやすいと思います。ここで

は、ジャーナリングを始めるうえでもまず必要となる、英文法の重要なパターンを2つ、解説します。

英語の定番パターン① 動作を表すパターン

定番パターンの一つ目は、動作を表すときのパターンです。「私は〜を…する」と言いたいときに使えます。とてもシンプルな形で、「誰が」「〜する」「何を」という語順です。日本語では「誰が」「何を」「〜する」ですが、英語では動詞が先に来ます。

定番パターン① 動作を表すパターン
〈I＋動詞＋名詞〉.
私は〜を…する。

まずは、「私が〜をする」という形を言えるようになることが、英語を話すための第一歩です。ジャーナリングでも、最初はこの「私は〜を…する」「私は〜を…した」という文を書くことから始めてみてください。例えば、こんなことを言うことができます。

I brush my teeth.（私は歯を磨く）
I play pachinko.（私はパチンコをする）
I like motorcycles.（私はバイクが好き）
I study English.（私は英語を勉強する）

英語を話すときには、**まずは自分のことを話せるようになることが第一歩**だと思います。なので、〈I＋動詞〉のパターンにまずは慣れてください。慣れてきたら、この主語の部分を変え

て他人やモノの動作を表したり、時制を変えて過去や未来について言い表したりすることに挑戦しましょう。時制や動詞の変化については、先ほどの動画で詳しく説明しているので、そちらを見てください。

まずは英語の語順に慣れよう

英語は日本語と語順が違うので、その感覚に慣れていかないと、いつまでたっても不自然な英文しか作れないということになってしまいます。そして、英語の語順の基本は「主語＋動詞」で始まるということです。〈I＋動詞〉のパターンになれることで、文型の基本を身につけていきましょう。

英語の語順は日本語と違う

英語学習のルール③ 文法は「最低限」だけ覚えよう！ **Chapter 7**

英語の定番パターン② 感情・状態を表すパターン

　もう一つ重要なのが、**自分の感情を伝えるときのパターン**です。ジャーナリングをしていくうえでも、英会話をするうえでも「私はこう思った」という自分の気持ちを伝えることは重要ですよね。そのときに使えるのがこのパターンです。

> 定番パターン② 感情・状態を表すパターン
> 〈I'm＋形容詞〉.
> 私は〜だ。

　これも、とてもシンプル。I'mのあとに形容詞を続ける形です。

> I'm happy.（私は幸せだ）
> I'm crazy.（私はクレイジーだ）
> I'm sad.（私は悲しい）
> I'm tired.（私は疲れた）

　I'mはI amを短くした形で、amはbe動詞と呼ばれるものです。be動詞は少し特殊な動詞なんですが、役割は「主語と後ろの単語を＝で結ぶ」ことです。例えば、I am crazy.だったら「I（私）」と、「crazy（いかれてる）」を結んでいるのがbe動詞です。日本語で言う「私は〜」の「は」のような役割。この型を知っていれば、後は感情を表す形容詞を色々組み合わせて、色んな気持ちを表すことができます。さらに、定番パターン①と組み合わせれば、感情の理由を説明できます。

121

I studied English. I'm tired.

（英語を勉強した。疲れた）

My mom called me. I'm happy.

（お母さんが電話してくれた。嬉しい）

I will have a presentation tomorrow. I'm excited.

（明日プレゼンがある。緊張してる）

　このように、とてもシンプルな定番パターンを使うだけでも、色々なことを表すことができます。コツは、**感情を表す形容詞の語彙を増やすこと。**巻末資料のテンプレ集（➡ p.148）でも形容詞を使った表現を紹介していますので、さっそくジャーナリングしていく中でも使ってみてくださいね。

Chapter 7-2

頻出フレーズを覚えよう

使い回しのきくフレーズを覚えよう

　ジャーナリングですぐに使える定番フレーズを紹介していきます。ここで紹介するのは中学英文法を使ったフレーズだけ。でも、実はネイティブもここで紹介するような基本の頻出フレーズで会話をどんどん回しているんです。こういった定番フレーズは、パターンとして丸ごと覚えてしまうのがおすすめです。

①I'm going to＋動詞「私は〜するつもりだ」

I'm going to study English tomorrow.
（明日英語を勉強するつもりだ）

〈I'm going to＋動詞…〉で「私は〜するつもりだ」。すでに決まっている予定や心に決めていることを伝えるときの定番フレーズです。会話ではgoing toがつながってgonnaのような響きになることもあります。

123

②I want to＋動詞「私は〜がしたい」

I want to smoke cigarettes.

（私はタバコを吸いたい）

〈I want to＋動詞…〉で「〜したい」という意味。会話ではよくwant toがつながってwannaといった響きになります。

③I can ＋動詞「〜できる」

I can speak English a little bit.

（私は英語を少し話すことができる）

canには色々意味があり、その中でよく使うのが「可能のcan」です。

④I go ＋ -ing「私は〜しに行く」

I go shopping this evening.

（今晩、私は買い物に行く）

goの後に、動詞に-ingをつけた形（動名詞）を続けます。I go swimming.（泳ぎに行く）、I go drinking.（飲みに行く）、I go running.（走りに行く）、I go hiking.（ハイキングに行く）、I go sightseeing.（観光に行く）など、かなり色々な場面で使えます。

英語学習のルール③ 文法は「最低限」だけ覚えよう！ **Chapter 7**

⑤I enjoy ＋ -ing「〜することを楽しむ」

I enjoy playing pachinko.
（パチンコをするのが楽しい）

〈I enjoy ＋ 動名詞〉で「〜するのが好き」「〜をして楽しむ」という意味を表します。趣味や好きなことを伝えるときに使う定番フレーズです。

⑥I should ＋ 動詞「〜しなきゃ」

I should exercise more.
（もっと運動しないと）

「〜した方がいい」という助言や、自分に対する「〜しないといけない」という気持ちを表す表現です。例えば、I should study harder.（もっと勉強しなきゃ）やI should call my mom.（お母さんに電話しなきゃ）など、義務感や必要性を示すときに使われます。

⑦I usually ＋ 動詞「私は普段／いつも〜をする」

I usually go eating ramen after work.
（私はいつも仕事の後ラーメンを食べに行く）

「普段は〜している」という習慣的な行動を表現します。usuallyは「普段」「たいてい」という頻度を示す副詞なので、I usually go to bed at 11 p.m.（普段は夜11時に寝ます）のように、日常的によくする行動を言い表せます。

⑧I never＋動詞「私は（絶対に）〜しない」

I never drink coffee.

（私はコーヒーを飲みません）

> 「決して〜しない」「一度も〜しない」という強い否定を表します。"I never watch horror movies."（ホラー映画は絶対に見ません）のように、自分の中で「絶対にしない」ことを伝えたいときに使われます。

⑨I spent＋（時間）＋-ing（動名詞）「…（時間）、〜する」

I spent 10 minutes studying English today.

（今日は10分英語を勉強した）

> 〈I spent＋時間＋動名詞〉の形で「〜するのに…（時間）を費やした」という意味を持ちます。動詞の部分は-ing形（動名詞）にします。

⑩I couldn't＋動詞「〜できなかった」

I couldn't find my keys this morning.

（今朝は鍵を見つけられなかった）

> 〈I couldn't＋動詞〉で「〜できなかった」「〜することができなかった」という意味になります。couldn'tは「can（〜できる）」の否定の過去形です。したかったのにできなかった、または物理的・状況的に不可能だったことを伝えるときに使います。

英語学習のルール③ 文法は「最低限」だけ覚えよう！　**Chapter 7**

⑪ I tried 〜 「〜を試した」

I tried a new flavor of ice cream.

（新しい味のアイスクリームを試した）

> tryには「試しにやってみる」というニュアンスがあります。tryの後に食べ物やモノを続けることで、「〜を試した」という意味になります。

⑫ It sounds like 〜 「〜のように聞こえる」

It sounds like trouble.

（これ、やばそう）

> soundは「〜のように聞こえる」という意味ですが、「〜そう」「〜っぽい」という意味で使われます。

⑬ There is/are 〜 「〜がある・いる」

There is a convenience store near my house.

（家の近くにコンビニがある）

> 場所や状況を説明するときに便利な表現。説明するものが単数のときはis、複数のときはareを使います。

⑭ I should have 動詞の過去分詞「〜すべきだった」

I should have called you.

（あなたに電話すべきだった）

> 「〜すべきだった（のにしなかった）」という後悔や反省を表す表現です。〈should ＋ have ＋過去分詞（done）〉の形で表します。

⑮ I prefer 〜「〜の方が好み」

I prefer coffee.

（コーヒーの方が好き）

> 別のものと比較して「〜の方が好き」と言いたいときに使える表現です。I prefer staying home.「家にいる方が好き」のように、後ろに動名詞を続けることもできます。

⑯ how to 動詞「〜の仕方」

I don't know **how to use** this app.

（このアプリの使い方がわからない）

> 「〜の仕方」や「〜する方法」を表す表現です。この形を使うと、「〜する方法」をシンプルに表現できます。

英語学習のルール③ 文法は「最低限」だけ覚えよう！ **Chapter 7**

⑰ I will ＋動詞「〜をするつもりだ」

I will do homework tomorrow.
（明日は宿題をやる）

> 「〜するつもりだ」「〜するよ」という意志や予測を表す表現です。話し手の決意やその場で決めたことに使うことが多いです。

⑱ I have to 動詞「〜しなければならない」

I have to go to work.
（仕事に行かないと）

> 義務や必要なことを表すときの表現です。I don't have to 〜と否定の形にすると「〜する必要はない」となります。

⑲ I like to 動詞「〜するのが好き」

I like to drink coffee in the morning.
（朝にコーヒーを飲むのが好き）

> 毎日のルーティーンや習慣的な好みを表すときに使う表現です。

　単語を一つ一つ暗記していくより、パターンを身につけるほうが効率は上がります。巻末には、単語を入れ替えるだけのテンプレ集も用意しています。ぜひ、活用してください。

Chapter 7-3

毎日のルーティーンに組み込んで練習する

机に向かわなくても勉強はできる

　ここからは少し応用編です。自分である程度英文を作れるようになったり、言えるフレーズが増えてきたら、取り組んでほしいトレーニングがあります。とはいっても、難しい文法書を読みましょうとか、文法問題をたくさん解きましょうとかいうことは言わないので安心してください。

　私がおすすめするのは、**日常の中のルーティーンに組み込んで練習するやり方**です。例えば私は、毎朝のルーティーンを英語で言うトレーニングを実践していました。これもシンプルで、朝起きて毎日やっていること（歯を磨く、顔を洗う、服を着替える etc……）を、その行動をしているタイミングで英語で言ってみるというトレーニングです。これを毎日行うことで、身の回りのことを表すときに必要な英単語や文法を使いこなせるようになります。

英語学習のルール③ 文法は「最低限」だけ覚えよう！ **Chapter 7**

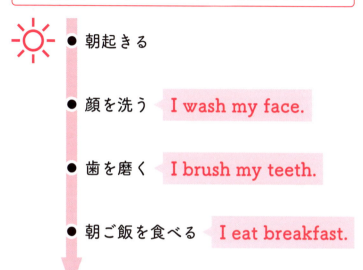

では、今から、皆さんが朝起きてすることを10個、書き出してみてください。本来は実際にルーティーンをしながら、それを英語にするのがいいのですが、今は想像して書き出してみましょう。

解答例として、英文を10個挙げています。
この10個ともシンプルな英文で、ほとんどが先ほど説明した頻出フレーズに当てはまります。

朝のルーティーンを英語で言ってみる

- I wake up (at 6:30 AM every morning).
  私は毎朝6時30分に起きる
- I make my bed (after getting up).
  起きた後、ベッドを整える
- I brush my teeth and wash my face.
  歯を磨いて顔を洗う
- I have breakfast (around 7:00 AM).
  朝食は7時ごろに食べる
- I drink a cup of coffee.
  一杯のコーヒーを飲む
- I check my phone (for messages and emails).
  メッセージやメールを確認する
- I take a shower (before getting dressed).
  服を着る前にシャワーを浴びる
- I get dressed (for work).
  仕事に行くために服を着る
- I prepare my lunch (for the day).
  その日の昼食を準備する
- I leave the house (at 8:00 AM to go to work).
  8時に家を出て、仕事に行く

　最後の（　　）で囲んだところは、「何時に」とか「どこで」といった補足の情報です。

　「自分の行動を英語にしてみる」トレーニングは、いつでもどこでもできちゃいます。例えば、次のようなテーマで試してみ

英語学習のルール③ 文法は「最低限」だけ覚えよう！ Chapter 7

てもいいでしょう。

> - 夜のルーティーン（例：I read some books before bed.）
> - 通勤（例：I ride a bicycle.）
> - 仕事（例：I have two meetings.）
> - 家事（例：I wash dishes.）

　このように、自分の日常に組み込んで英語を勉強していくと、難しく感じがちな英文法の勉強でも楽に続けることができます。**机に向かってやろうと意気込まなくてもいい**ので、楽ですよね。実際に私がモーニングルーティーンをしている動画がQRコードから見られますので、一緒に実践してみてください。

　ここまでで、ジャーナリングと一緒に実践してほしい、基本的な英語学習のやり方について説明をしました。自分に足りないところや、できそうなところから始めて、徐々に学習を本格化させていきましょう。

Chapter 7-4

インプットとアウトプットの バランスに注意

「文法の沼」にはまらないで！

　本書の冒頭でも触れましたが、英語学習でつまずく人の中には、「文法が正しいか」「細かなニュアンスが伝わっているか」といった点を気にしすぎてしまう方が少なくありません。

　もちろん、細かなところに気を配りながら丁寧に学習をしていく姿勢は素晴らしいです。だけど、文法を気にするあまり、なかなか英語を話す実践を積めなかったり、**本来の「英語を話したい」という目標から遠ざかったりしてしまうのはもったいない**と思っています。細かい文法のルールを気にしすぎてなかなか勉強が進まないことを「文法の沼」と呼んでいますが、これにはまってしまうと、なかなか抜け出せなくなってしまうのです。

　では、こういった状況に陥らないためにどうしたらいいか。それは、「アウトプットとインプットのバランス」を意識すること、特に**「アウトプット中心」の学習をしていく**ことです。

アウトプットをすれば、足りない部分が見えてくる

　効果的な英語学習のバランスは、**アウトプット7：インプット3**くらいが理想的です。しかも、必ず「アウトプット」から始めてください。話す・書くのアウトプットをすると、自分が

理解していないところや弱点が明らかになります。「あの単語なんて言うんだっけ」とか、「この発音、正しいのかな？」とか。ChatGPTや他の人からフィードバックをもらうこともあると思います。そうしたら、その部分の知識を学ぶ。つまり、インプットすればいいんです。

　一方で、インプットばかりを続けていると、自分に本当に必要なことがわからなくなり、「何を何のために学ぶべきなのか」を見失ってしまいます。**アウトプットの割合を増やすことで、より効果的に学習を進められる**のです。

ジャーナリングで手軽なアウトプットを

　本書でお話しした「ジャーナリング」は、気軽にアウトプットをするための一つの手段です。**「英語で文を書く」ということを自分でやってみることで、英語を使うための回路が鍛えられます。**そして、**大事なのは発音**です。Chapter 5で解説しましたが、発音を練習することで、リスニング力も鍛えることができ、英会話に必要な力を鍛えることができます。

　英語学習を始めたての方は、この**ジャーナリングとChapter 5〜7で紹介した基礎力をつけるための学習法を組み合わせて実践**するようにしてください。まずは英単語を1000語覚えることに挑戦しながら、ジャーナリングも1日3文毎日続けてみる。そうすることで、例えば昨日勉強した単語を今日のジャーナリングで使ってみたり、ジャーナリングで書けなかった単語を翌日復習して定着させたりすることができます。

　くどいようですが**学習の中心はとにかくアウトプット**。そこから浮かび上がる弱点をインプットで補強する、というサイクルを作ることが、英語力を伸ばす最短ルートなのです。

アウトプット➡インプットの繰り返しで基礎を作る

OUTPUT

ジャーナリング

英文を書く

添削

モデリング

INPUT

単語
まず1000語を覚える

文法
中学レベルをザックリ

発音
短文でモデリング練習

アウトプットで弱点に気づく ⇄ 補強する

同時に行うことで相乗効果

Chapter 7 まとめ

 文法は「最低限」をまず覚えて！

最初は語順のルールや、定番のパターンを身に着ける。そこから、中学英語の基礎を学んだら、英文法はもう十分！

 よく使うフレーズを覚えよう

I'm going to～など、よく使うフレーズはまとめて覚えてしまえば、いざというときにすぐに使えるようになる。

 ひとりごと英語で、文法を復習！

毎日のルーティーンに合わせて、自分の行動を英語にしてみることで、机に向かわなくても文法や単語の学習ができる。

巻末資料

1 ジャーナリング実践シート
2 ジャーナリングで使えるテンプレ集
3 最初に覚えるべき単語リスト100
4 ひとりごと英語フレーズ集

巻末資料 1

ジャーナリング実践シート

　書き込んで使うことができるジャーナリング用のシートです。まずは、この本を読んですぐに実践できるように1週間分を用意しました。まずは7日間毎日続けることが習慣化の一歩ですので、これを使って実践していきましょう。

　その後もテンプレートを使ってジャーナリングを続けていきたい方や、印刷して使いたい方は、こちらのQRコードからPDFデータをダウンロードしていただくこともできますので、ぜひご活用ください。

　ジャーナリングを実践したら、写真を撮ってSNSに「#魔法のジャーナリング」で投稿してくださいね！

QR-08

ジャーナリング実践シート　　巻末資料 1

月　　日

中期目標

短期目標

いつやる？

0	6	12	18	24

今日の達成度 ☆☆☆

まずは１行からでもOK！ 少しずつ壁を突破していこう！

141

月　　日

中期目標

短期目標

いつやる？

| 0 | 6 | 12 | 18 | 24 |

今日の達成度 ☆☆☆

何を書くか迷うときは、勉強した記録を書くのがおすすめ！

ジャーナリング実践シート　　巻末資料 1

月　　日

中期目標

短期目標

いつやる？

0	6	12	18	24

今日の達成度 ☆☆☆

p.148〜のテンプレ集を見ながら書くとスムーズにいくよ！

月　　日

中期目標

短期目標

いつやる？

| 0 | 6 | 12 | 18 | 24 |

今日の達成度 ☆☆☆

モデリングは、最初は完璧を求めすぎないのもコツ！

ジャーナリング実践シート **巻末資料 1**

月　　　日

中期目標

短期目標

いつやる？

0	6	12	18	24

今日の達成度 ☆☆☆

もう5日も続いてる自分すごい！ と自分を褒めてあげよう

145

月　　日

中期目標

短期目標

いつやる？

0	6	12	18	24

今日の達成度 ☆☆☆

続けるのがつらくなってきたら、長期目標を振り返ろう！

ジャーナリング実践シート　巻末資料 1

月　　日

中期目標

短期目標

いつやる？

0	6	12	18	24

今日の達成度　☆☆☆

1週間おつかれさま！ これからも1日5分継続しよう！

147

巻末資料 2

ジャーナリングで使える テンプレ集

　ジャーナリングですぐに使えるテンプレ集を用意しました。四角に入る語句を入れ替えるだけで、自分のオリジナルの英文を作ることができます。

　このようなパターンを覚えるだけで、英会話でも使うことができるようになりますので、何度も口に出したり書いたりして覚えていくのがおすすめです！

気持ちを述べる

① I'm 形容詞 .　私は（いま）〜だ。

happy	幸せだ
sleepy	眠い
tired	疲れた
sad	悲しい
nervous	緊張している

巻末資料2 ジャーナリングで使えるテンプレ集

気持ちを述べる

② I was 形容詞. 私は〜だった。

- worried — 心配だった
- surprised — 驚いた
- relaxed — リラックスした
- angry — 怒った
- nervous — 緊張した

気持ちを述べる

③ I'm worried about 名詞. 〜が心配だ。

- the weather — 天気
- my schedule — スケジュール
- the presentation — プレゼンテーション
- the examination — 試験
- my job interview — 仕事の面接

モノや状況を説明する

④ It is 形容詞 . 天候は〜だ。

- sunny — 晴れだ
- rainy — 雨だ
- cloudy — くもりだ
- cold — 寒い
- hot — 暑い

モノや状況を説明する

⑤ It is 形容詞 . それは〜だ。

- great — すごい
- fun — 楽しい
- boring — 退屈
- delicious — とてもおいしい
- funny — おもしろい

ジャーナリングで使えるテンプレ集　巻末資料2

モノや状況を説明する

⑥ It was 形容詞 .　〜だった。

- great — 素晴らしかった
- fun — 楽しかった
- boring — 退屈だった
- exciting — ワクワクした
- disappointing — 残念

モノや状況を説明する

⑦ It was too 形容詞 .　〜すぎた。

- hot — 暑い
- cold — 寒い
- late — 遅い
- noisy — うるさい
- dark — 暗い

| モノや状況を説明する

⑧ It was exciting to 動詞．

〜するのはワクワクした。

- try snowboarding — スノーボードに挑戦する
- see my friends — 友達に会う
- see the fireworks — 花火を見る
- watch the concert — コンサートを見る
- join the party — パーティーに参加する

| モノや状況を説明する

⑨ It's my first time 動名詞．

〜するのは初めてです。

- visiting this city — この街を訪れる
- trying this food — この料理を食べる
- meeting her — 彼女に会う
- going to a concert — コンサートに行く
- trying yoga — ヨガを試す

ジャーナリングで使えるテンプレ集　巻末資料2

行動について書く

⑩ I went to 名詞 .　〜に行った。

- work — 仕事
- the gym — ジム
- the supermarket — スーパー
- a cafe — カフェ
- a museum — 美術館、博物館

行動について書く

⑪ I made 名詞 .　〜を作った／〜をした。

- a cake — ケーキ
- a new friend — 新しい友達
- a plan — 計画
- a big decision — 大きな決断
- a mistake — ミス

行動について書く

⑫ I got 名詞 . ～を手に入れた。

- a gift — プレゼント
- new clothes — 新しい服
- a job — 仕事
- a ticket for ○○ — ○○のチケット
- a new smartphone — 新しいスマホ

行動について書く

⑬ I tried 名詞 . ～を試した。

- a new restaurant — 新しいレストラン
- a new recipe — 新しいレシピ
- a new drink — 新しい飲み物
- a different route — 違うルート
- a different way — 違う方法

巻末資料2 ジャーナリングで使えるテンプレ集

行動について書く

⑭ I saw 名詞. 〜を見た。

- a cute cat — かわいい猫
- a funny video — 面白い動画
- a nice picture — 素敵な写真
- fireworks — 花火
- beautiful flowers — 美しい花

行動について書く

⑮ I watched 名詞. 〜を観た。

- a YouTube video — YouTube動画
- a TV show — テレビ番組
- a movie — 映画
- a soccer game — サッカーの試合
- a baseball game — 野球の試合

行動について書く

⑯ I bought 名詞 . 〜を買った。

- a coffee — コーヒー
- a gift — プレゼント
- some bread — パン
- some snacks — お菓子
- tickets — チケット

行動について書く

⑰ I was able to 動詞 . 〜することができた。

- meet the deadline — 締め切りに間に合う
- speak in English — 英語で話す
- solve my problem — 問題を解決する
- get there in time — 時間内に到着する
- help my friend — 友達を助ける

ジャーナリングで使えるテンプレ集　**巻末資料2**

行動について書く

⑱ I couldn't 動詞 . 〜できなかった。

sleep well ─ よく眠る

wake up early ─ 早起きする

finish the report ─ レポートを終える

go out ─ 外出する

focus on studying ─ 勉強に集中する

行動について書く

⑲ I ended up 動名詞 . 結局〜した。

looking at my smartphone ─ スマホを見た

missing the train ─ 電車を逃した

eating too much ─ 食べすぎた

staying home ─ 家にいた

spending too much money ─ お金を使いすぎた

157

願望・予定について書く

⑳ I want 名詞 . 〜が欲しい。

a cup of tea — 紅茶

a new pair of shoes — 新しい靴

a dog — 犬

a break — 休憩

more free time — もっと自由な時間

願望・予定について書く

㉑ I want to 動詞 . 〜したい。

travel abroad — 海外旅行する

meet new people — 新しい人と出会う

read more books — 本をもっと読む

go shopping — 買い物に行く

study a lot — たくさん勉強する

ジャーナリングで使えるテンプレ集　巻末資料2

願望・予定について書く

㉒ I decided to 動詞. 〜することに決めた。

- wake up at seven — 7時に起きる
- travel to Okinawa — 沖縄に旅行する
- leave early — 早く出発する
- write in my journal — 日記を書く
- study abroad — 留学する

願望・予定について書く

㉓ I need to 動詞. 〜しなければならない。

- clean my room — 部屋を掃除する
- finish my homework — 宿題を終わらせる
- exercise more often — もっと運動する
- go to bed earlier — もっと早く寝る
- do the dishes — 皿を洗う

願望・予定について書く

㉔ I plan to 動詞 . ～する予定だ。

visit my parents	両親を訪ねる
go hiking	ハイキングに行く
see my friend	友達に会う
go to a hot spring	温泉に行く
take a train	電車に乗る

願望・予定について書く

㉕ I feel like 動名詞 . ～したい気分だ。

going out	外出する
having Indian food	インド料理を食べる
staying home	家で過ごす
drinking coffee	コーヒーを飲む
cooking	料理する

ジャーナリングで使えるテンプレ集　巻末資料2

願望・予定について書く

㉖ I'm looking forward to (動)名詞．

～を楽しみにしている。

- the weekend — 週末
- the concert — コンサート
- meeting my friends — 友達に会うこと
- trying the new drink — 新しい飲み物を試すこと
- going on vacation — 休暇に行くこと

感想を書く

㉗ I had a great time at 名詞．

～で楽しく過ごした。

- the party — パーティー
- the museum — 美術館、博物館
- the zoo — 動物園
- the festival — 祭り
- the beach — 海

感想を書く

㉘ I felt 形容詞 . 〜と感じた。

satisfied	満足した
anxious	不安だ
relaxed	ゆったり
relieved	ほっとする
frustrated	イライラする

感想を書く

㉙ I enjoyed 動名詞 . 〜するのを楽しんだ。

watching videos	動画を見る
trying new food	新しい食べ物を試す
listening to music	音楽を聴く
taking a long bath	長風呂する
singing at karaoke	カラオケで歌う

巻末資料2 ジャーナリングで使えるテンプレ集

理由を説明する

㉚ I'm happy because 文〈理由〉.

〜のでうれしい。

- I got the day off — 休みを取れた
- I met my friends — 友達に会えた
- I got a message from ○○ — ○○からメッセージをもらった
- the weather was perfect — 天気が完璧だった
- I studied a lot — たくさん勉強した

理由を説明する

㉛ I'm frustrated because 文〈理由〉.

〜のでイライラする。

- I missed the train — 電車を逃した
- I lost my keys again — また鍵をなくした
- I have too much work to do — 仕事が多すぎる
- the traffic was bad — 交通渋滞がひどかった
- I spilled coffee — コーヒーをこぼした

巻末資料 3

最初に覚えるべき単語リスト100

　記憶に残りやすいように、例文のトピックはヤンキー風味の、ユニークなものにしました。自分でも例文を作って、使いこなせるようになりましょう！

　解説も聞きたい方は、YouTube動画もご活用ください。

QR-09

番号	単語	意味	例文
1	man	男	The man got into a fight. 男はタイマンをした。
2	people	人々	Many people want to learn English. 英語を学びたい人はたくさんいる。
3	way	道筋、行く手	Tell me the way to Don Quijote. ドンキまでの行き方を教えろ。
4	woman	女性	The woman was super strong. その女性はめっちゃ強かった。
5	life	人生、生活	My life is crazy. うちの人生はクレイジーや。
6	lives	人生、生活（複数）	Their lives are full of adventures. 彼らの人生は冒険だらけ。

最初に覚えるべき単語リスト100 　巻末資料3

番号	単語	意味	例文
7	world	世界	I want to travel around the world. うちは世界中を旅したい。
8	child	子供	The child is naughty. あのガキはヤンチャや。
9	issue	問題	You have any issues with me? (うちと)なんか問題あるんか?
10	thing	物、事	We both bought the same thing. うちらは同じものを買った。
11	health	健康	I need to stop smoking for my health. 健康のためにタバコやめなあかん。
12	he	彼	He likes smoking a lot. 彼はタバコを吸うのがめっちゃ好き。
13	him	彼を、彼に	Can you take him to the station? 彼を駅まで送ってあげて。
14	his	彼の	His friends had his back. 彼の友達は彼を守った。
15	she	彼女	She had too much to drink. 彼女は酒を飲みすぎた。
16	her	彼女の、彼女に	Her motorcycle is brand new. 彼女のバイクは新品だ。
17	me	私に(自分)	Pass me that, please. 私にそれをよこせ、頼む!

165

番号	単語	意味	例文
18	my	私の	My new phone should arrive today. うちの新しいガラケーは今日届くはず。
19	our	私達の	Our child is a punk. 私たちの子供(ガキ)は不良や。
20	them	彼らに	I'm going to hang out with them. うちは彼らと遊んでくる。
21	that	あの、その	That picture frame is crooked. あの写真立ては斜めってる。
22	their	彼らの	Their payments are overdue. 彼らの支払いは滞っている。
23	these	これら、 これらの	These flowers are dying. このお花たち死にかけてるやん。
24	they	彼らは	They missed the train, so they were angry. 彼らは電車に乗り遅れたからキレた。
25	this	これ、この	This beer is delicious. このビールめっちゃうまい。
26	us	私達を、私達に	Don't mess with us. うちら(私達)をこれ以上怒らせるな。
27	we	私達は	We were shopping at Don Quijote. うちら(私たち)はドンキで買い物をしてた。
28	who	だれ	Who was with you last night? 昨晩、誰とおったん？

最初に覚えるべき単語リスト100 　巻末資料3

番号	単語	意味	例文
29	**you**	あなた	You shouldn't steal things from the store. あなたは店から万引きするべきではない。
30	**your**	あなたの	I will steal your motorcycle. てめえのバイク盗んでやる。
31	**come**	来る	Come to the party tonight. 今晩のパーティーに来てや。
32	**find**	探す	I can't find my things. Did you steal them? うちのものが見当たらへん、もしかして盗んだ？
33	**give**	与える、あげる	Give me a minute. 1分ちょうだい（ちょっと待って）。
34	**get**	もらう	I hope I get a raise this year. 今年給料が上がるといいな。
35	**go**	行く	I want to go home. うちは家に行きたい（帰りたい）。
36	**have**	持つ	I have a new IQOS device. 新しいアイコスデバイスを持ってる。
37	**know**	知る	Do you know where the Don Quijote is? ドンキがどこにあるか知ってる？
38	**look**	見る	Wow. Look at that motorcycle!! すげー！ あのバイクみて!!
39	**make**	作る	What are you going to make for dinner? 晩御飯は何を作るん？

167

番号	単語	意味	例文
40	say	言う	Don't say mean things. 意地悪なことを言うな！
41	see	見る	I can see that she is angry. 怒っている彼女がみえます。
42	admire	尊敬する	I admire Ayumi Hamasaki. うちはあゆを尊敬してる。
43	think	考える	I always think about traveling around the world. いつも世界中を旅することを考えてる。
44	use	使う	Can I use the restroom? 便所使っていい（借りていい）？
45	want	欲する	They want to visit Sanrio Puroland. 彼らはサンリオピューロランドに行きたい。
46	be	ある、いる	I'll be in jail for four years. うちはムショに4年間いることになる。
47	can	することができる	I can eat a lot. うちはたくさん食べることができる。
48	could	することができた（canの過去形）	I could fight well. うちは昔喧嘩がうまかった。
49	do	する、行う	Make sure you do your chores! ちゃんと雑用（家事）しとけよ！
50	should	するべき	I should ask him tomorrow. 明日彼に聞くべきやな。

最初に覚えるべき単語リスト100

番号	単語	意味	例文
51	shall	するべきである	Shall I call you tomorrow? 明日てめえに電話するべき？
52	might	かもしれない	I might throw up. やべ、吐くかもしれへん。
53	must	…ねばならない	You must steal that motorcycle. あのバイクを盗まないといけない。
54	would	…であろう、…しよう	He would be angry if he found out we crashed his car. 彼の車で事故ったとわかったら怒るで。
55	will	…だろう、…するつもり	I will visit Spain this year. 今年スペインに行くつもり。
56	all	全部の	All of the lights turned off. 全部の明かりが消えた。
57	any	どんな…でも	You can call any time you get into a fight. 喧嘩になったらいつでもうちを呼んでええで。
58	different	違う	Can you grab me a different weapon? 違う武器をとってきてくれへん？
59	first	最初の	She was the first one to call me. 彼女が最初に電話くれた。
60	last	最後の	This is my last warning. 最後の警告やで。
61	just	先程、ちょうど	I just got here. 先ほど着いた。

番号	単語	意味	例文
62	many	たくさん	There are many people to fight. タイマンする人がたくさんいる。
63	a few	少し	I have a few favors to ask of you. ちょっと頼み事がある。
64	more	もっと	I would like more salad. もっとサラダをよこせ。
65	new	新しい	My new motorcycle just got stolen. うちの新しいバイクがさっき盗まれた。
66	some	いくらかの、多少の	Could I borrow some money? ちょっと金貸してくれへん？
67	difficult	難しい	The TOEIC test was too difficult for me. TOEICのテストは難しすぎた。
68	complete	完了した	The project is complete. そのプロジェクトは完了した。
69	expensive	高い、高価な	That is too expensive. 高すぎるやろ……。
70	tall	高い、背が高い	The tall building is in the way. 高いビルが邪魔や。
71	also	また	I also speak Japanese. 俺も（また）日本語を話す。
72	how	どうやって	He didn't know how to ride in a car. 彼は車の乗り方がわからなかった。

最初に覚えるべき単語リスト100　巻末資料3

番号	単語	意味	例文
73	never	決して	I will never talk to you again. もう決してあんたとは話さん。
74	immediately	早急に	You have to come to the park immediately. It's gonna be a huge fight. すぐに公園に来て、グループタイマンが始まるで。
75	ever	これまで	It is raining harder than ever. これまで以上に雨が激しく降っている。
76	so	とても	It is so humid in the summer. 夏はとても湿気が多い。
77	then	それから、その時	Back then, I was doing bad things. 当時、私はよくないことをしていた。
78	honestly	正直に	Honestly, this tastes horrible. 正直、これ激まずやわ。
79	very	とても	She was very angry, so she punched the wall. 彼女はとても怒っていて壁を殴った。
80	often	頻繁に	I often steal motorcycles. うちはよくバイクを盗む。
81	extremely	非常に	This is an extremely important point. これは非常に大事なポイント。
82	because	なぜなら	I can't see because it's too dark. 暗すぎて何も見えない。
83	if	もし、場合に	Mom will be upset if I get into a brawl. もしタイマンに巻き込まれたら母は悲しむ。

171

番号	単語	意味	例文
84	or	〜か…、もしくは	Do you want Italian or Chinese food? It's up to you. イタリアンか中華どっちがいい？ てめえに任せるわ。
85	than	…よりも	I'd rather stay at home than go out. 外出するより家におりたい。
86	though	…だが、だけれども	Though it was raining, we decided to go hiking because we were dumb. 雨が降っていたが、アホやからハイキングに行くことにした。
87	as soon as	…するとすぐに	I will go as soon as I finish cooking. 料理が終わったらすぐ行く。
88	about	だいたい	I'll be there in about 5 minutes. 大体5分ぐらいで行く。
89	at	…に	Come back at 10:00 PM. 22時に帰ってこい。
90	by	…によって	I was arrested by the police. 警察によって逮捕された。
91	for	…のために、…にとって	This present is for you. これはてめえへのプレゼント。
92	from	から	This gift is from him. これは彼からのギフト。
93	in	のなかに	She is in her room. 彼女は部屋の中にいる。
94	into	の中に	She snuck chocolate into her bag. 彼女はカバンの中にチョコをこっそり入れた。

最初に覚えるべき単語リスト100　巻末資料3

番号	単語	意味	例文
95	on	の上に、表面に	I will burn the book on the desk. 机の上の本をうちは燃やす。
96	to	へ、まで、に	We are going to Canada. うちらはカナダに行く。
97	with	と一緒に、と共に	I want to go with you. あなたと一緒に行きたい。
98	a		A man was stalking me so I beat him up. 男の人に後をつけられてたのでボコボコにしたった。
99	an		An earring fell off during the fight. 喧嘩の途中でイアリングが落ちた。
100	the		This is the dog. これがその犬だ。

173

巻末資料 4

ひとりごと英語フレーズ集

　毎日のルーティーンを英語で言って練習できるように、フレーズ集を用意しました。1日のなかで、自分の行動に合わせて、その都度口に出したり、心の中でつぶやいたりしてください。
　ひとりごとでスムーズにつぶやけるようになれば、ジャーナリングや英会話のなかでも自然と実践できるようになります。

朝

寝坊した！
I overslept!

起きなきゃ。
I need to get up.

ひとりごと英語フレーズ集　**巻末資料4**

今何時？

What time is it?

二度寝したい。

I want to go back to sleep.

※I want to do「～したい」

カーテンを開けよう。

I'll open the curtains.

※I'll do～「～をしよう」

携帯を確認している。

I'm checking my phone.

今日は何を着ようかな？

What should I wear today?

175

今日はこれを着よう。

I'm going to wear these.

歯を磨かないと。

I need to brush my teeth.

※I need to do〜「〜しないと」

髪の毛をセットしている。

I'm setting my hair.

何か朝ごはんを食べよう。

I should eat something for breakfast.

コーヒーを淹れている。

I'm making coffee.

ひとりごと英語フレーズ集 巻末資料4

このパンおいしいな。
This bread tastes good.

あと10分で家を出なきゃ。
I have to leave the house in 10 minutes.

鍵はどこだっけ？
Where are my keys?

通勤・通学中

今仕事（学校）へ向かっている。
I am heading to work(school).

※head to〜「〜へ向かう」

いま電車の駅にいる。

I am at the train station.

電車混んでるなぁ。

The train is crowded.

※ crowded「混雑した」

次の駅で乗り換えないと。

I need to transfer at the next station.

今日は道が混んでるなぁ。

The traffic is terrible today.

※ traffic「交通量」

会社（学校）につきました。

I arrived at work（school）.

ひとりごと英語フレーズ集　巻末資料4

間に合った！
I made it!

※決まり文句として覚えよう

仕事・学校

さあ1日を始めよう！
Let's start the day!

今の予定を確認しないと。
I need to check today's schedule.

午前中に会議がある。
I have a meeting this morning.

このレポートを終わらせなきゃ。

I need to finish this report.

メールの返信をしなきゃ。

Time to reply to some emails.

※time to do「〜する時間だ」

机を整理しなきゃ。

I should organize my desk.

会議はうまくいった。

The meeting went well.

ちょっとコーヒーブレイクをしよう。

I'll take a quick coffee break.

ひとりごと英語フレーズ集　巻末資料4

明日のプレゼンの準備をしないと。
I need to prepare for tomorrow's presentation.

家事

掃除機かけなきゃ。
I need to vacuum the house.

※vacuum「掃除機をかける」

洗濯をしよう。
I will do the laundry.

※do the laundry「洗濯をする」

洗濯物を干している。
I'm hanging the clothes to dry.

空気を入れ替える時間だ。
Time to refresh the air.

窓を開けよう。
I will open the window.

ゴミを出さなきゃ。
I need to take out the trash.

お昼休み

お昼の時間だ。
It's lunchtime.

ひとりごと英語フレーズ集

今は同僚とご飯を食べる。
I'm going to eat with my colleagues.

ランチは何にしよう?
What should I have for lunch?

サンドイッチを買おう。
I'm going to grab a sandwich.

今日は外でランチしよう。
Let's go out for lunch today.

※go out for〜「〜に出かける」

お昼休みの間に英語の勉強をしよう。
I'll study English during my lunch break.

お腹いっぱい。
I'm so full.

仕事に戻らなきゃ。
I need to get back to work.

帰宅

そろそろ帰ろう。
I'm heading back home.

残業している。
I am working overtime.

ひとりごと英語フレーズ集 巻末資料4

今日はテイクアウトを頼もうかな。
Maybe I'll order takeout today.

今から晩ごはんを作ろう。
I'm going to cook dinner now.

今夜は簡単なものを作ろう。
Let's cook something simple tonight.

スープを作ろう。
I'm going to make soup.

野菜を洗っている。
I am washing the vegetables.

野菜を切っている。
I am cutting the vegetables.

お湯を沸かしている。
I am boiling the water.

材料を入れている。
I'm putting the ingredients in.

いい匂いがする。
This smells so good.

晩ごはんができた！
Dinner is ready!

ひとりごと英語フレーズ集 巻末資料4

おいしい！
Delicious!

食べ終わった。美味しかった。
I'm done eating. It was good.

洗い物をしよう。
Time to do the dishes.

スポンジを濡らそう。
I'm going to wet the sponge.

スポンジに洗剤をつけよう。
I'm going to put detergent on the sponge.

皿を洗っている。

I'm washing the dishes.

ゴロゴロしよう。

I'm going to lie around.

※ lie around「ゴロゴロする」

ソファでリラックスしよう。

Time to relax on the couch.

テレビを見よう。

I'm going to watch TV.

リモコンはどこ？

Where is the remote?

ひとりごと英語フレーズ集 巻末資料4

> ニュースを見よう。
> I'm going to watch the news.

> ドラマを見よう。
> I'm going to watch a drama.

> 今夜は映画を見よう。
> I'll watch a movie tonight.

> 読書の続きをしよう。
> Time to catch up on my reading.

※ catch up on ～「～の続きをする」

> 少し眠くなってきた。
> I'm getting a little sleepy.

お風呂～寝る準備

お風呂にでも入ろうかな。
Maybe I'll take a bath.

少しゲームをしよう。
I'll play some video games for a bit.

さっとシャワーを浴びようかな。
Maybe I'll take a quick shower.

※ take a shower「シャワーを浴びる」

髪をシャンプーしている。
I am shampooing my hair.

ひとりごと英語フレーズ集 巻末資料4

コンディショナーをつけている。
I am putting on conditioner.

体を洗ってる。
I am washing my body.

髪を乾かしている。
I am drying my hair.

顔を洗ってる。
I am washing my face.

もうそろそろ寝ないと。
I need to sleep soon.

英語が話せるようになる 魔法のジャーナリング

2025年4月28日　初版発行

著者／Hina

発行者／山下　直久

発行／株式会社KADOKAWA
〒102-8177　東京都千代田区富士見2-13-3
電話　0570-002-301(ナビダイヤル)

印刷所／TOPPANクロレ株式会社
製本所／TOPPANクロレ株式会社

本書の無断複製（コピー、スキャン、デジタル化等）並びに
無断複製物の譲渡および配信は、著作権法上での例外を除き禁じられています。
また、本書を代行業者等の第三者に依頼して複製する行為は、
たとえ個人や家庭内での利用であっても一切認められておりません。

●お問い合わせ
https://www.kadokawa.co.jp/（「お問い合わせ」へお進みください）
※内容によっては、お答えできない場合があります。
※サポートは日本国内のみとさせていただきます。
※Japanese text only

定価はカバーに表示してあります。

©Hina 2025　Printed in Japan
ISBN 978-4-04-607468-3　C0082